KB149595

절대 잃지 않는 주식투자

절대 잃지 않는 주식투자

1판 1쇄 인쇄 2024년 7월 24일
1판 1쇄 발행 2024년 7월 31일

지은이 곽병열
발행인 김정경
책임편집 김광현 **마케팅** 김진학 **표지디자인** STUDIO 보글
발행처 터닝페이지
등 록 제2022-000019호
주 소 04793 서울 성동구 성수일로10길 26 하우스디 세종타워 본동 B1층 101/102호
전 화 070-7834-2600
팩 스 0303-3444-1115
대표메일 turningpage@turningpage.co.kr
인스타그램 www.instagram.com/turningpage_books
페이스북 www.facebook.com/turningpage.book

ISBN 979-11-93650-09-7 (03320)

MARGIN OF
SAFETY

절대 잃지 않는 주식투자

신중한 투자자를 위한 최고의 위험회피형 가치투자 전략

곽병열 지음

터닝페이지

모든 주식투자자의 목표는 주식을 싼 가격에 사서 비싼 가격에 파는 것이다. 하지만 대부분의 투자자들은 시장에 도는 온갖 뉴스와 많은 노이즈에 시달리고, 군중심리에 휩쓸려 '저가매수 고가매도'를 실천하지 못한다. 이 책은 독자가 '안전마진'이란 확실한 근거에 의지해 투기 과열에 휩쓸리지 않고, 세상에서 가장 안전하게 돈 버는 주식투자를 할 수 있도록 친절하게 돕는다. 여태까지 주식 시장에서 손절매만 줄곧 해오거나 큰돈은 만지지 못했던 모든 투자자에게 이 책은 한줄기 빛이 될 것이다.

_이상원 (한국투자신탁운용 상품전략본부장·상무)

세상에서 주식으로 가장 확실하게 돈 버는 방법이 이 책에 있다. 한국 대부분의 투자자들은 안전마진이란 개념을 여태까지 제대로 몰랐다. 몇 종의 번역본만 있을 뿐 제대로 안전마진을 소개하는 책은 없었기 때문이다. 이 책에서 곽병열 저자는 자신의 전문성을 발휘하여, 가격과 가치의 차이를 이용하는 안전마진의 개념과 안전마진 개념에 바탕을 두고 무조건 돈 버는 방법까지 완벽하게 독자에게 알려주고 있다. 주식투자자들의 서재에 반드시 꽂혀 있어야 하는 책이다. 강력 추천한다.

_나중혁 (대신자산운용 자산솔루션본부 본부장·이사)

누구나 싸고 좋은 '안전한' 종목을 발굴하여 높은 수익을 얻길 바란다. 하지만 이를 이루기 위한 구체적인 방법을 스스로 찾기에는 많은 시간과 대가가 따른다. 저자는 애널리스트로서 많은 경험을 바탕으로 안전마진으로 돈 벌 수 있는 구체적인 방법과 다양한 사례로 우리를 안내한다. 처음 주식에 투자하는 투자자에게는 '올바른' 주식투자 방법을 터득할 수 있는 길잡이가 될 것이고, 좀 더 안전하게 부(wealth)를 늘리기 원하는 투자자에게는 구체적인 실행 방법을 알려주는 실전서가 될 것이다. 모든 주식투자자에게 이 책을 추천하다.

_김병오 (삼성자산운용 투자전략팀장)

안전마진은 모든 투자자에게 가장 중요하고 투자할 때마다 꼭 체크해야하는 개념이다. 안전마진은 단순히 현재 수익대비 가치가 싼 기업뿐만 아니라, 기업의 본질가치, 장래가치 등으로 다양하게 계산할 수 있다. 안전마진과 가치에 대해 고민을 한 투자자들은 주가 변동에 휩쓸리지 않고 본인의 투자 판단과 철학을 지켜나갈 수 있다. 이 책을 읽는 순간 당신의 계좌는 물론 인생에도 안전마진이 생기기 시작할 것이다!

_윤혁진 (SK증권 리서치센터 기업분석부서장)

국내 증권가에서 베스트 애널리스트로 명성을 쌓은 저자의 오랜 실무 경험과 이론이 집약된 책이다. 평소 투자에 대해 저자와 많은 대화를 나누면서 주식 시장에 대한 그의 집요한 탐구와 탁월한 인사이트에 감탄한 적이 많다. 이 책은 주식투자 의사결정 과정에서 어려움을 겪는 많은 투자자들에게 주식투자에 관한 명쾌한 비전을 제시해 줄 것이다.

_정훈 (SCI평가정보 총괄부사장)

수많은 변수와 변동성으로 출렁이는 주식시장에서 안정적으로 수익을 내기란 거의 불가능에 가깝다. 주식투자자가 가져야 할 것은 좋은 주식을 가려내는 능력이다. 이 책은 독자가 주식이 가지고 있는 본래 가치와 시장 가격간의 차이인 안전마진으로 좋은 주식을 선별하여, 안정적인 수익을 반드시 올리게 만든다.

_김형진 (흥국증권 법인본부장 상무)

본질가치와 시장가치의 차이인 안전마진 개념을 알기 쉽게 풀어낸 책이다. 다양한 실제 사례를 통해 이해하기 쉽게 설명하고 있으며, 궁극적으로 주식투자자들이 안전마진을 이용해 돈을 벌도록 도와준다. 이 책은 가치투자에 관심 있는 독자에게 유용한 지침서가 될 것이다.

_전상훈 (NH헤지자산운용 리스크관리팀장)

이 책은 국내에 처음 소개되는 안전마진에 대한 책이다. 여의도에서 실력 있는 애널리트로 평가 받고 있는 저자의 노하우를 바탕으로 가치투자의 기본부터 고급 전략까지 모든 것을 다루고 있다. 이 책을 통해 독자들은 시장의 변동성 속에서도 흔들리지 않는 전략을 찾을 수 있을 것이다. 안전하고 지속 가능한 투자 성과를 원하는 모든 분들께 이 책을 강력 추천한다.

_김민영 ((전)더블유컨셉코리아 마케팅담당 CMO)

이 책은 투자에 있어 필수 개념인 안전마진을 쉽게 이해할 수 있도록 친절하게 쓴 걸작이다. 벤저민 그레이엄의 고전적인 투자 철학을 현대적인 관점에서 재해석한 이 책은 초보 투자자부터 숙련된 전문가까지 모두에게 유용한 지침서가 될 것이다.

_김열매 (코람코자산운용 R&S실 이사·실장)

저자는 국내 기업과 다양한 글로벌 기업들이 어떻게 수익을 창출하는지, 어떤 가치로 평가 받고 있는지, 히스토리와 트렌드는 어떤지 등을 다방면으로 완벽하게 꿰뚫고 있다. 저자는 투자자들이 반드시 생각해봐야 할 기본 원칙이지만 그동안 놓쳐왔던 주제인 시장가치와 내재가치의 차이, 즉 안전마진을 다양한 실제 사례로 통해 독자에게 쉽게 풀어 설명할 수 있는 최고의 적임자이다.

_김민정 (콜마비앤에이치 M&A·IR 상무)

안전마진은 건축학에서 처음 나온 용어로 벤저민 그레이엄과 데이비드 도드가 쓴 『증권분석』에 처음 인용되었다. 안전마진의 핵심은 "이 또한 지나가리라!"다. 무거운 짐을 실은 화물들이 육교를 지날 때마다 안전한 기준점이 되어준 게 바로 안전마진이다. 이 안전마진을 한국 시장에 맞춰 컨버징한 이 책은 주식투자자들에게 '주식투자로 안전하게 돈 버는 방법'을 알려주는 첫 번째 책이 될 것이다. 강력히 추천한다.

_정회철 (인플루언서)

저자가 20년 이상 쌓아온 방대한 주식시장에 대한 지식과 통찰력이 이 책의 모든 페이지에 고스란히 담겨 있다. 안전마진 개념을 처음으로 접하는 독자들이 그 기본 원리를 쉽게 이해하고 자신의 투자방식에 바로 적용할 수 있도록 명확하고 간결하게 설명하는 저자의 능력이 놀랍다. 독자들이 경제적 자유를 이루도록 진심으로 돕고자 하는 저자의 열정으로 완성된 이 책은 주식투자로 부자가 되고 싶은 모든 이들에게 필수 안내서가 될 것이다.

_박종규 (뉴욕시립대 경영학과 조교수)

이 책엔 주식투자로 성공하고 싶은 사람들이 꼭 봐야 할 내용이 풍부하다. 대박을 쫓는 단기 투자로는 큰 부를 축적하기 어렵다는 것은 이미 검증되었다. 이 책은 시장에 숨겨져 있는 안전마진을 찾아 매년 안전하게, 수익을 오랜 기간 낼 수 있는 노하우를 전한다.

_전용기 (한양증권 전략금융부 이사)

싸고 좋고
'안전한' 물건을 사자

남들보다 싸게 좋은 물건을 사면 참 기분이 좋습니다. 물론 수고로움이 필요합니다. 가격 비교 사이트로 더 싼 곳을 물색해야 하고, 포인트 적립 및 제품의 유통기한까지 꼼꼼히 따져봐야 하기 때문입니다. 심지어 대형 할인마트의 묶음할인으로 사는 게 좋을 지, 아니면 재래시장에서 온누리상품권을 써서 사는 게 더 좋을지도 비교해야 합니다. 이런 과정을 겪다 보면 근본적인 생각으로 다시 돌아가기도 합니다. 이게 꼭 지금 사야 하는 물건인지, 없어도 되는 물건은 아닌지 말입니다. 사실 안 사는 게 최고로 절약하는 길이니까요. 특히 제품가격이 너무 높거나 할인혜택의 기회가 '별로'라는 생각이 들면 '조금 더 싸졌을 때, 아니면 더 크게 할인할 때까지 기다려볼까'하는 생각이 듭니다. 제품가격이란 것이 오를 때가 있으면 내려갈 때도 있고, 기다리고 있으면 백화점 정기세일처럼 싸게 살 기회는 꼭 돌아오니까요.

어쩌면 주식, 채권, 펀드, 부동산, 심지어 가상자산까지 투자자산들은 모두 이러한 이치와 다르지 않습니다. 그런데 여러분은 투자자산을 더 싸게 사려고 어떠한 노력을 하나요? 가격 비교 사이트에 들어가 보시거나, 대형 할인 행사를 찾아다니시나요? 이런 고민에 대해 해결방안을 제시한 이가 바로 '벤저민 그레이엄Benjamin Graham'입니다. 그는 '안전마진Margin of Safety'이란 개념을 도입했는데, 안전마진을 '본질가치-시장가치'로 정의했습니다. 안전마진은 가치와 가격의 차이입니다. 예를 들어 1000원의 가치가 있는 사과를 700원에 샀다면 내가 얻은 안전마진은 바로 300원이 되는 것이죠. 그레이엄은 본질가치 대비 시장가치가 충분히 저렴해질 때, 안전마진을 충분히 확보하는 투자를 강조한 것입니다. 1년에 한두 번 있는 바겐세일이나 농작물 같으면 풍작 때문에 시장가격이 충분히 하락할 때를 기다렸다가 사라는 것입니다.

안전마진이 왜 중요할까요? 우선 안전마진은 투자 목적으로 뭔가를 샀을 때 대략적인 목표수익률을 정해주는 중요한 기준이 됩니다. 삼성전자 주식에 투자한다고 가정합시다. 내가 추정한 삼성전자의 본질가치는 9만 원인데, 안전마진이 거의 사라졌을 때인 9만 원을 매도 시기로 정한다면 현재 주가(72,800원) 대비 내 투자안의 목표수익률은 '23%(=90000/72800−1)'로 구체화되는 것입니다. 즉 매수 시점은 안전마진이 클 때, 매도 시점은 안전마진이 줄어들 때로 정했다면 이보다 더 좋은 투자 습관도 없습니다. 또 안전마진의 두 글자 '안전'이란 단어 자체에 담긴 뜻처럼 혹 본질가치를 제대로 계산하지 못했더라도 시장가치가 충분히 하락했다면 최악의 손해 가능성을 크게 줄일 수 있습니다. 사실 투자자산의 본질가치라는 것은 주식의 관점에서는 목표주가(적정주가)라고 부를 수 있습니다. 전문가들조차도 틀리는 게 다반사인 것을 감안하면 보통의 개인투자자가 이를 추정한다는 게 말처럼 쉽지는 않습니다. 하지만 시장가치라도 충분히 하락한 것을 보고 접근해서 상대적으로 안전마진이 충분하다고 판단할 때 진입한다면 그렇지 않은 투자보다는 '안전'할 가능성이 큰 것이죠.

물론 바겐세일이라 싸다고 무조건 다 주워 담는 사람은 없습니다. 내게 꼭 필요한, 그리고 좋은 물건을 사야 합니다. 이렇게 사려는 물건에 대해 최대한으로 지불할 용의가 있는, '정말 이 아파트는 역세권이 활성화되고, 교육 여건이 좋아서 앞으로 이 가격은 반드시 될 거야'라고 확신할 만한 진정한 가치가 바로 '본질가치'인 것입니다. 물론 본질가치를 따지는 게 쉽지 않지만 우리가 사는 세상 이치로 따져보면 상당히 노력한다는 가정하에 못할 것도 없습니다. 아이스크림 가게 인수를 위해 '권리금을 얼마로 협상할지' 따진다고 가정해 보겠습니다. 아이스크림 가게 시설을 그대로 인수하니 그것을 자산가치로 삼는 방법이 있겠고요. 아이스크림 가게 단골손님들이 인계된다고 하면 그 가치를 현재의 순수익이 몇 년간 이어질 것이라고 가정하고 추정하는 방법도 있을 겁니다. 귀찮으시다고 사업인수 시 발생하는 권리금 따지는 것을 대충하는 사람은 없습니다. 그런데 과연 주식투자에도 그만한 수고를 들이시나요?

이 책에서는 본질가치를 따지는 것을 합리적인 권리금 계산을 하듯 비교적 쉬운 논리에 입각해서 살펴보겠습니다. 본질가치가 〈아기돼지 삼형제〉 우화에 나오듯이 막내돼지의 단단한 벽돌집과 같이 거친 풍파에도 끄떡없다면 최고입니다. 어떻게 단단한 벽돌집을 가려낼 수 있는지를 살펴볼 것입니다. 더불어 시장가치가 저렴할 때, 즉 금융시장의 '바겐세일', 즉 큰 장이 오는 것을 알아보는 안목이 필요합니다. 다수의 사람들은 오히려 바겐세일에 자기 물건을 더 싸게 당근마켓에 내놓고, 거꾸로 역사적 신고가에 흥분해서 남들과 함께 추격매수를 하기 쉬운데요. 안전마진을 통해 이러한 군중심리를 극복하여 '저가매수 고가매도'가 투자습관으로 자리 잡고 남들과 다르게 보는 안목이 생기길 진정 기대합니다.

마침 안전마진을 추종하는 가치투자자들에게는 최근 국내 '밸류업 프로그램'을 계기로 좋은 투자 기회가 도래했다고 생각합니다. 본질가치 대비 시장가치가 많이 하락한 '안전마진 가치주'를 가려내는 현명한 투자자가 되어 바겐세일하는 나만의 가치주를 '줍줍'할 수 있는 좋은 기회를 찾으시고, 또 모두가 열광하는 투기과열을 잘 알아볼 수 있는 지혜를 얻길 기원합니다.

◆ 차례

추천사   5

프롤로그 싸고 좋고 '안전한' 물건을 사자   10

제1장

안전마진이란?

1 안전마진, 도대체 뭔가요?   21

2 가치투자자는 안전마진을 이렇게 본다   27

3 안전마진의 큰 축, 본질가치는 어떻게 구할까?   33

안전마진 TALK TALK 경영자, 혹은 한 인간을 안전마진으로 바라보기   38

제2장

안전마진 가치투자, 더 잘 이해해 보자

1 PER(주가수익비율)로 살펴보는 안전마진   43

2 PBR(주당순자산비율)로 살펴보는 안전마진   51

3 배당수익률로 살펴보는 안전마진   58

4 나만의 안전마진 종목을 살펴보자   66

안전마진 TALK TALK ROE(자기자본이익률)로 수익성이 뛰어난 기업 선별하기 78

제3장

무조건 번다, 한국의 안전마진 가치주

1 **우리금융지주**: 예적금 가입자보다 은행주의 주주가 되어볼까   84

2 **현대건설**: 한국 건설업의 굳건한 기둥   93

3 **대한항공**: 대한민국 1등 항공주   102

4 **현대모비스**: 현대자동차그룹의 핵심 중 핵심   112

5 **DB손해보험**: 손해보험주의 확고한 2인자   120

6 **현대차**: 저, 레거시 할인은 너무한데요   128

7 **LG유플러스**: 굳건한 이익창출력을 가진 통신주   136

8 **삼성화재**: 대한민국 최대 손해보험사   144

9 **현대글로비스**: 현대·기아차를 모두 실어 나르는 물류기업   152

10 **삼성물산**: 삼성그룹의 귀족   159

안전마진 TALK TALK 피터 린치의 투자 변천사와 교훈   167

제4장

세상에서 가장 뛰어난 돈 복사기,
미국 안전마진 가치주

1 **버크셔 해서웨이** : 버핏의 철학에 그대로 투자하자   176

2 **JP모건** : 세계 금융계의 황제   183

3 **엑슨모빌** : 전 세계 석유를 쥐어 잡고 있는 슈퍼메이저   187

4 **유나이티드헬스 그룹** : 미국인들의 건강은 내 손 안에 있다   195

5 **P&G** : 우리 생활 속에 깊이 침투해 있다면, 그게 안전마진이지   200

6 **존슨앤드존슨** : 제약주가 가치주라고? Yes!   204

7 **셰브론** : 버핏이 사랑한 에너지주   210

8 **브로드컴** : 반도체주도 안전마진 가치주가 될 수 있다   216

9 **월마트** : 가치주도 성장하면 안되나요?   221

10 **다우** : 셰일가스 혁명으로 탄탄해진 안전마진   226

안전마진 TALK TALK 짐 사이먼스의 투자업적과 교훈   232

제5장

안전마진 가치투자, ETF로 해볼까

1 ACE 미국 Wide Moat 가치주 : '경제적 해자'를 추구하는 ETF   238

2 TIGER 미국캐시카우100 : 잉여현금흐름 대장주 ETF   244

3 iShares MSCI USA Quality Factor ETF & KODEX MSCI퀄리티 ETF : 우량
주 스타일의 ETF   251

4 ProShares S&P 500 Dividend Aristocrats ETF & TIGER 미국S&P500
배당귀족 ETF & TIGER MKF배당귀족 ETF : 연속배당에 대한 무한신뢰   256

안전마진 TALK TALK One ETF High Dividend Japan Equity : 일본 본토의 배
당귀족 ETF   263

에필로그 좋은 기업을 찾는 도구로서의 안전마진   265

제1장

안전마진이란?

1
안전마진,
도대체 뭔가요?

'안전마진'이란 단어를 들으면 무엇이 떠오르시나요? 안전마진Margin of Safety을 우리말로 직역하면 '투자수익Margin'의 '안전성Safety'이라고 표현되는데, 더 쉽게 의역하면 '안전한 투자수익Safe margin'으로도 해석할 수 있습니다. 우리말 어감으로 보자면 '투자수익의 안전성' 보다는 '안전한 투자수익'이 더 와닿긴 합니다. 금쪽같은 내 돈으로 투자한 결과가 안정적인 수익으로 되돌아오는 건가 보다 하는 생각을 갖게 되죠. 사실 이 2가지 개념 직역과 의역의 결과물은 같은 듯하지만 미묘하게 다릅니다. 전자의 정의, 투자수익의 안전성이 워런 버핏의 가치투자 스승인 그레이엄이 언급한 개념이라면, 후자의 정의는 전자까지 포괄하는 '(비교적) 안전한 투자수익'으로 더 폭넓은 의미로 해석하거나 혹은 '(반드시) 안전한 투자수익'이라는 더 좁은 의미로 볼 수도 있습니다. 사실 그레이엄의 책을 접해본 독자가 아니라면 안전마진이 뭐냐고 물었을 때 후자, 안전한 투자수익으로 답변할 가능성이 클 것입니다.

더 쉽게 표현하기 위해 지금까지 언급한 개념을 침대 매트리스로 비유해 보겠습니다. 매트리스의 쿠션, 즉 추락 시 충격을 완충해 주는 침대 매트리스의 기능이 안전마진과 유사하다고 할 수 있습니다. 추락 시에도 충격을 완충해 주는 지키는 투자, 안전한 투자를 하겠다는 의미에서 그렇습니다. 다만 충격 흡수에 충분할 정도로 매트리스 용수철의 성능이 뛰어난지가 관건입니다. 두툼해 보여도 용수철이 제대로 작동하지 않으면 푹 꺼져서 자다가 허리가 나갈 테니까요. 추락 시 충격을 완충해 주려면 결국 용수철의 성능이 중요합니다. 이때 제 역할을 하는 좋은 용수철일수록 본래 위치로 돌아가려는 힘이 있겠죠. 이는 마치 좋은 주식이 본질가치로 돌아가려는 힘과 사실상 같습니다. 그러니 그레이엄의 관점에서 좋은 주식은 성능 좋은 용수철처럼 결국 본질가치로 돌아갈 테니 시장가치와의 괴리가 커질수록 마치 쿠션이 두툼한 침대 매트리스처럼 안전하다고 여겼던 것입니다. 물론 '쿠션이 두툼하다고 정말 안전할까'에 관한 문제는 용수철의 성능에 달려 있으니 본래 성능, 즉 본질가치가 얼마나 견고한지가 중요합니다.

그렇다면 안전마진을 따지는 것은 곧 용수철의 성능, 기업의 본질가치을 따지는 것이며 대단히 과학적일 수밖에 없습니다. "침대는 가

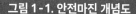

그림 1-1. 안전마진 개념도

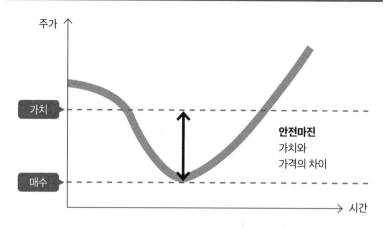

구가 아닙니다. 과학입니다"라는 광고 문구를 곧 '안전마진은 과학입니다'로 바꿔 말할 수도 있습니다. 그레이엄이 언급한 투자수익의 안전성은 곧 충분히 두툼한 매트리스, 즉 성능 좋은 용수철의 본래 모습으로 돌아가는 힘을 믿고서 충분히 많이 하락한 종목을 주워 담는 것이죠.

안전마진Margin of Safety = 본질가치 −시장가치
= 가치 −가격

그러면 (반드시) 안전한 투자수익 관점의 침대 매트리스는 어떻게 표현할 수 있을까요? 침대 매트리스가 아닌 온돌의 온기를 온전히 누리는 '요'에 가깝다고 생각합니다. 풀어서 설명하면 가치와 가격이 따

로 움직이지 않고 거의 일치하여, 특정한 안전마진이 가격의 큰 변화 없이 가치 그대로 일정하게 유지되기 때문입니다. 가장 쉬운 예가 은행 예적금의 이자입니다. 가입 시점에 정해진 예적금 이자율은 사실상 확정적이고, 행여나 은행이 파산하더라도 예금자 보호 한도까지는 원금과 이자가 보호되기 때문에 예적금 이자는 정말 단단한 안전마진이 될 것입니다. 물론 너무나 안전하므로 이자율은 여타 위험자산보다 낮을 수밖에는 없지만요. 비슷한 논리로 국채나 회사채와 같은 채권 이자도 안전마진에 가깝습니다. 물론 채권의 만기까지 보유한다고 가정했을 때에 해당하는 이야기입니다. 보유 중 매각할 경우 시장금리에 따른 채권 가격의 변동으로 인해 매각이익 혹은 매각손실은 존재할 수 있습니다. 또한 채권 발행 주체의 부도 시에는 원금 혹은 이자의 미지급 가능성이 존재합니다. 그에 따라 발행 주체의 신용도가 채권 금리에 반영되므로 예금자 보호 한도 내에서 보장해 주는 은행 예적금보다 안전성은 다소 떨어진다고 볼 수 있습니다. 주식 역시 주주들에게 기업이익의 일부를 분배하는 배당금이라는 안전마진을 가지고 있습니다. 예적금 이자, 채권 이자에 비해 기업의 배당금은 배당할 수도 있고, 안 할 수도 있어서 구속력은 약합니다. 하지만 기업이익의 안정성이 높고 주주와의 신뢰도가 강한 기업의 배당정책은 신뢰도가 높은 편이라 신뢰도 높은 안전마진의 역할을 수행하기도 합니다.

투자수익의 관점을 개인의 투자에 적용해 보겠습니다. 개개인에게 안전마진은 뭘까요? 누가 그러더군요 '근로소득'이야말로 안전마진

그림 1-2. 안전마진의 범주		
	투자수익의 안전성 Margin of Safety	안전한 투자수익 Safe margin
성격	그레이엄 등 가치투자의 근본원리	폭넓은 개념으로 다수 대중들에게 막연하게 인지
수익의 성질	중도매각을 통한 자본차익	만기보유를 가정으로 한 인컴수익
원금손실 가능성	상대적으로 높음	상대적으로 낮음

아니냐고요. 매우 공감되었습니다. 안전마진을 '안전한 마진'으로 폭넓게 바라본다면 근로소득은 일하면 반드시 소득으로 연결되고, 월급 때가 되면 따박따박 급여통장에 꽂으니 참 안전한 마진입니다. 이에 비해 금융소득은 어떻게 운용하는지에 따라 출렁출렁하고, 사업소득 역시 외부경기에 큰 영향을 받는 사업입니다. '안전'한가 아닌가는 개인마다 처한 자산증식의 상황변수에 따라 차이 나겠지만, 적어도 소득원천의 안정성 측면에서 상대적으로 그렇다는 것입니다. 그렇다면 안전마진은 안정성이 뛰어난, 즉 원금손실 가능성이 적다는 개념으로도 이해될 수 있습니다.

그렇다면 재테크 중에서 안전마진, 안전한 마진, 근로소득처럼 따박따박 안정적인 수입을 가져다줄 자산은 무엇일까요?

가장 이상적인 자산은 원금손실 가능성은 거의 없으면서, 투자수익률까지 높은 것입니다. 재무학에서는 이러한 두 마리 토끼를 한꺼번에 잡을 수 없다는 것이 불문율이지만, 안전마진을 강조하는 사람들은 이게 가능하다고 주장합니다.

먼저 가치투자의 아버지 벤저민 그레이엄의 관점에서 주식을 중심으로 하는 안전마진을 자세히 살펴보도록 하겠습니다.

2
가치투자자는 안전마진을
이렇게 본다

본질가치는 다리(기업)의 기초체력으로 감당할 수 있는 무게입니다. 만약 다리 위를 지나다니는 차량(시장가치)이 그보다 충분히 가볍다면 안전마진 관점에선 가장 이상적인 상태입니다. 즉 다리 붕괴의 위험이 가장 낮다고 볼 수 있습니다. 만약 다리 안전에 관한 보험을 가입한다고 가정할 때 보험사 입장에서 안전마진이 큰 다리의 경우 대형사고 가능

그레이엄의 안전마진 공식
안전마진 = 본질가치 − 시장가치
       = 가치 − 가격
유사개념
목표주가 괴리 = 목표주가 − 주가

성이 적으니 선호할 것입니다. 투자자 역시 보험사 입장과 다를 것이 없습니다. 안전마진이 큰 투자안을 선택할 경우 내가 투자한 다리가 사고로부터 멀리 떨어져 있는 것이니, 다리가 무너질까 노심초사할 필요 없이 발 뻗고 편히 잘 수 있으니까요.

즉 인천대교를 이용하는 교통량(시장가치)은 결국 인천대교의 기초체력(본질가치)에 비례합니다. 인천대교의 기초체력을 믿고 다리가 받아들일 수 있는 범위 내에서 교통량을 수용하는 것이죠. 시장가치는 마치 인천대교의 교통량처럼 끊임없이 변화하는 것처럼 보이지만, 장기적으로 보면 인천대교가 수용할 수 있는 기초체력 범위 내에서만 움직이는 것입니다. 만약 인천대교의 보강공사로 더 많은 차량을 수용할 만큼 기초체력이 좋아진다면 교통량은 더 늘어날 수 있겠죠. 반대로 보강공사 미비로 인한 노후화로 기초체력이 나빠지면 교통량을 축소할 수밖에 없는 것이죠. 장기적으로 본다면 본질가치가 올라가는 기업의 시장가치, 즉 주가는 반드시 상승한다고 할 수 있습니다. 그러나 단기적으로 보면 인천대교의 교통량은 안개나 폭풍우와 같은 천재지변이나 코로나19와 같은 질병에 따른 여행 규제 영향을 받기도 합니다. 즉 본질가치인 다리의 기초체력은 단기간에 크게 변하지 않지만, 그 위를 지나다니는 교통량은 한시도 멈추지 않고 끊임없이 변화합니다. 기업의 본질가치가 크게 변동하지 않아도 주가는 항상 움직이기 마련입니다. 이는 투자하는 사람들의 마음은 갈대처럼 수시로 바뀌기 때문입니다. 장기적으로 봤을 때 시장가치는 기업가치에 수렴한다는 대전제를 가정한다면 안전마진이 커졌을 때가 주식을 살 수 있는 절호의 기회라고 할 수 있습니다. 인천대교에 비유하면 개통한 지 지 얼마 되지 않아 기초체력이 탄탄하고 (본질가치가 높을 때) 아직 교통량은 많지 않을 때(시장가치가 낮을 때)가 인천대교 이용자에겐 사용가치가 가장 극대화되는 순간이죠. 그레이엄, 버핏과 같은 가치투자자들은 바로 투자 철학에 입각해서 안전마진이 커질 때를 좋은 매수 기회로 활용합니다.

물론 다리의 기초체력을 정확히 측정하는 것 역시 매우 중요합니다. 외관상으로는 멀쩡하게 보이지만, 물속 깊숙한 곳 골조가 부식되어 기초체력은 상당히 저해되었는지는 토목 전문가들의 정기점검을 통해 알 수 있듯, 기업의 기초체력 역시 우리가 모르는 사이에 나빠지기도 좋아지기도 하니까요. 제조기업의 입장에서 노후화된 생산설비를 제때 보수하지 않거나, 혁신기술의 도입으로 기존 생산설비의 업그레이드 시기를 놓친다면 정작 공장 가동이 필요할 때 가동률을 높일 수 없으니 기초체력이 저하된 것입니다. 토목 전문가들의 정기점검처럼 기업의 경우 분기단위의 실적공시를 통해 기초체력을 확인합니다. 이러한 시간의 간극, 기업 펀더멘털은 분기단위로 알 수 있지만, 주식시장은 휴일을 제외하면 매일 개장합니다. 이에 따라 주가는 매일매일의 호재와 악재 뉴스 및 소음Noise의 영향을 받을 가능성이 더 높습니다. 즉 가치와 주가는 긴 흐름으로 보면 비교적 엇비슷하게 가지만 다양한 뉴스 및 소음으로 인해 간극이 생기기도 합니다. 이러한 노이즈가 시장가치를 훼손했지만 본질가치에 큰 영향을 주지 않았다면 결국 시간을 두고 시장가치는 본질가치로 되돌아가려는 용수철처럼 움직입니다.

개별 기업의 펀더멘털인 본질가치 역시 이런 변수들의 영향을 받긴 하겠지만, 분기 단위로 발표되는 기업실적에 반영돼 있을 것으로 추정할 뿐 매일매일의 주가만큼 반영될지는 알 수 없습니다. 따라서 안전마진은 지구(가치)와 달(가격)의 거리처럼 끊임없이 멀어지기도 하고 가까워지기를 반복합니다. 즉 현명한 투자자는 주가의 변덕과 실제 해당 기업의 기초체력인 가치를 잘 구분하여 투자 의사결정을 해야 합니다.

물론 주가 변동의 원인이 '구조적' 요인인가, 경기 호황 및 불황에 연동되는 '순환적' 요인인가, 아니면 '일시적'인가를 곰곰이 잘 따져봐야 할 것입니다. 주가 변동의 원인이 구조적인 경우 즉, 업황 둔화가 소비자 트렌드 변화나 기술혁신 같은 구조적인 충격으로 발생된 경우는 겉으론 안전마진이 높아진 것처럼 보일 수 있습니다. 하지만 주가 하락은 기업가치의 중·장기적인 위축을 선반영하는 것이기 때문에 주의해야 합니다. 현시대의 투자자가 시장의 구조적 변화를 미리 감지하는 것은 쉽지는 않지만 그렇다고 포기할 수도 없습니다. 트렌드 변화를 읽어내려는 나름의 노력이 필요한 부분이기도 합니다. 예를 들어 애플의 아이폰 출시로 몰락했던 노키아가 대표적입니다. 애플 아이폰의 도약에 따른 스마트폰 시장의 개화와 기존 피처폰 시장의 몰락은 당대 이용자들이 해당 제품을 사용하면서 평가했던 것이기 때문에 구조적 변화를 전혀 감지하기 어려운 것만도 아닙니다.

1) 노키아는 한때 휴대폰 1위 사업자였습니다

노키아는 2000년대 초반 휴대폰 시장에서 압도적인 점유율(2007년, 40%대)를 자랑하며 '휴대폰의 대명사'로 불렸습니다. 혁신적인 디자인과 견고한 내구성으로 전 세계에서 사랑받았습니다. 아래 사진은 노키아의 베스트셀러 모델인 '노키아3310'인데, 2000년 출시 당시 전 세계적으로 1억 2천만 대 이상 판매되었습니다.

Nokia 3310 모델

2) 2007년 아이폰 출시 이후 노키아의 몰락은 시작됩니다

터치스크린과 앱스토어를 기반으로 한 아이폰의 등장은 휴대폰 시장에 새로운 패러다임을 제시했고, 노키아는 결국 변화에 적응하지 못했습니다. 더 세부적인 이유를 들자면 아래와 같습니다.

① 리눅스 운영체제에 대한 고집 : 노키아는 자체 운영체제인 심비안을 사용하였고, 안드로이드와 iOS의 성장에 발맞추지 못했습니다.
② 느린 변화 : 새로운 기술 도입과 트렌드 반영에 소극적인 태도를 보였습니다.
③ 잘못된 경영전략 : 마이크로소프트와의 제휴 등 잘못된 선택으로 시장 경쟁력을 더욱 약화시켰습니다.
④ 조직문화 문제 : 변화를 꺼리는 조직문화와 관료주의는 새로운 아이디어를 억압하고 혁신을 저해했습니다.

3) 노키아는 결국, 시장에서 사라집니다

최후의 보루로 마이크로소프트와의 협력을 통해 출시한 '루미아' 스마트폰은 시장 반응을 일으켰지만, 트렌드를 따라잡지 못했습니다. 결국 2014년 마이크로소프트에 매각되면서 쓸쓸하게 휴대폰 시장에서 사라졌습니다.

3

안전마진의 큰 축,
본질가치는 어떻게 구할까?

시장가치(주가)가 본질가치(기업의 기초체력을 감안한 근원적인 가치)보다 낮게 형성되어 있을 경우 해당 종목에 대한 안전마진이 존재한다고 했는데, 그러면 어떻게 본질가치를 제대로 알 수 있을까요? 그레이엄은 본질가치는 발표된 데이터, 즉 사실에 의해서 결정된 가치로서 기업의 자산, 수익, 배당 그리고 미래에 대한 확실한 전망(현 관점에서는 기업들이 발표하는 미래 예상실적인 가이던스, 사업보고서상의 업황 전망)까지 포함한다고 했습니다. 특히 가장 핵심 요소는 미래의 이익창출력이라고 봤습니다. 이러한 배경 지식을 토대로 본질가치를 공식화할 수 있습니다.

이 공식은 용어 자체가 낯설어서 어렵게 느낄 수 있지만, 실생활 사례에 적용하면 그렇게 어렵지만은 않습니다. 예를 들어 편의점을 인수하는 과정에서 해당 점포의 권리금을 편의점의 본질가치라고 볼 수 있습니다. 이를 산출해보려고 합니다. 해당 편의점의 순이익은 3년 평균 7천만 원이었고, 현 매출과 순이익의 연속성이 담보되는 기간을 3년으로 가정하면 다음과 같은 값이 나옵니다.

권리금 (본질가치) = 7천만 원 (3년 평균 순이익) × 3년 (자본화계수) = 2.1억 원

현 편의점 주인인 매도자가 권리금 3억 원을 부를 때, 매수자는 위와 같이 본질가치를 계산한 것을 토대로 권리금이 과하다고 보고 인

수를 포기할 수 있는 것이죠. 반대로 매도자가 권리금 1억 원을 제시했다면 안전마진 1.1억 원(2.1억 원-1억 원)이 확보되는 투자안으로서 투자 매력도가 높다고 볼 수 있습니다.

일반적으로 자본화계수는 이익의 안정성, 자산 효율화, 배당정책, 부채정책 등의 영향을 받습니다. 앞선 사례에서 자본화계수를 3년으로 봤지만, 만약 단골손님이 많아서 이익의 안정성이 대단히 높다면 3년은 6년이 될 수 있는 것이고, 이를 프리미엄이 형성되었다고 평가합니다. 만약 6년의 자본화계수를 적용한다면 4.2억 원(7천만 원×6년)이 되어서 권리금은 2배로 뛰게 됩니다.

결국 본질가치를 판단할 때는 자본화계수, 즉 밸류에이션 도구들(PER, PBR, 배당수익률 등)을 활용하는 것이 편의성 측면에서 가장 바람직합니다. 기업가치를 직접 구하는 방법도 있으나 난이도가 제법 있는 편입니다. 가치주 성격의 경기순환적 기업가치를 추정할 때는 밸류에이션 도구를 통해 역산하여 구하는 것이 용이할 수 있습니다.

안전마진을 구하는 여러 방법

안전마진 = 가치 − 가격
　　　　 = 적정가치 PER − 현 주가 반영 PER
　　　　 = 적정가치 PBR − 현 주가 반영 PBR
　　　　 = 적정가치 배당수익률 − 현 주가 반영 배당수익률

안전마진 복습해 보기

가치투자의 안전마진은 투자의 내재가치와 시장가격 간의 차이를 의미합니다. 본질적으로 이는 투자자를 예상치 못한 사건이나 불리한 시장 상황으로부터 보호하는 내장된 버퍼 또는 쿠션 역할을 합니다. 다음은 작동 방식입니다.

1 **(내재)가치 vs. (시장)가격** : 투자에 있어서 내재가치는 수익, 자산, 현금흐름 및 성장잠재력과 같은 요소들에 의해 결정되는 본질적인 가치입니다. 그러나 시장가격은 현재 시장에서 거래되는 가격입니다. 안전마진은 이 두 값 사이의 차이입니다.

2 **안전(여유)마진** : 가치투자자는 내재가치에 대해 큰 할인율로 거래되는 투자처를 찾습니다. 투자자는 할인을 통해 안전마진을 확보하고 자산을 원래 가치보다 저렴하게 구입해 자본 손실의 위험을 줄일 수 있습니다.

3 **하락 위험 대비** : 안전마진을 통해 투자자는 잠재적인 하락 위험에서

자신을 보호합니다. 투자가 예상대로 수행되지 않거나 시장이 하락하더라도 안전마진은 쿠션 역할을 하여 투자자의 자본에 미치는 영향을 최소화합니다.

4 오차 여유: 안전마진은 투자자에게 오차 여유를 제공합니다. 투자자는 오차 여유를 인지해 가치 평가가 항상 정확하지 않을 수 있으며 예상치 못한 사건이 발생할 수 있다는 것을 대비합니다. 안전마진이 있는 경우 투자자는 시장의 흥분 및 예상치 못한 상황에 큰 손실 없이 견딜 수 있습니다.

5 장기적 관점: 가치투자는 일반적으로 장기 전략입니다. 안전마진은 투자자가 시장 변동이나 일시적인 후퇴가 발생해도 투자를 유지할 수 있게 하며, 보유 자산의 내재가치에 대한 신뢰감을 제공합니다.

가치투자의 안전마진은 자산을 내재가치보다 저렴하게 구매할 수 있도록 돕는 도구이자 근본 원리입니다. 이는 불확실성과 시장 변동에 대한 보호 조치로서, 투자자에게 투자 의사결정에 대한 나름대로의 편안함 그리고 시장 변화에도 역발상을 할 수 있는 사고의 탄력성을 제공할 것입니다.

경영자, 혹은 한 인간을 안전마진으로 바라보기

> 나는 겸손하지 않지만, 그동안 버핏과 내가 성공한 것은 우리의 능력을 매우 낮게 평가했기 때문입니다. 실제 IQ는 130인데 128이라고 생각하는 사람 A와 실제 IQ는 190인데 240이라고 생각하는 사람 B가 있다면, 나는 A와 동업하겠습니다.
>
> _1987년 버크셔 해서웨이 주주총회 중 찰리 멍거의 발언

오래된 명언이지만, 버핏의 찰떡 절친 '고故 찰리 멍거'의 이 말은 깊은 울림을 줍니다. 결국 버핏과 멍거의 투자철학 속 진정한 안전마진은 '내 능력을 과신하지 않는 겸손에서 비롯되는 것은 아닌가' 하는 생각이 듭니다. 그렇다면 기업의 경영자, 혹은 한 개인을 바라볼 때 다음과 같은 안전마진 공식을 적용해 볼 수 있습니다.

> (개인) 안전마진 = 최대한 겸허하게 받아들여야 하는 그의 적정 수준 − 현재 그에 대한 평가
>
> (기업) 안전마진 = 내재가치 (최대한 겸손하게 평가해야 하는 기업의 본질적 가치 − 현 주가)

어쩌면 경영자 혹은 한 개인의 진정한 안전마진을 가늠하려면 그의 적정 수준을 최대한 겸손하게 보수적으로 평가해도 현재 그의 실제 가치를 크게 초과해야 합니다. 만약 현재 그에 대한 평가는 고정된 값이라고 가정한다면, 그가 겸손한 사람일수록 실제 안전마진은 커질 것입니다. 예로 든 침대에 비유하면 겸손할수록 용수철은 수축된 것처럼 보여 안전마진은 크지 않은 것처럼 보이나 실제로는 원위치로 가려는

힘이 강하게 작용할 테니까요. 경영자, 혹은 한 개인의 안전마진을 판단할 때, 그리고 이를 내 주식(기업)에 적용할 때도 안전마진을 견고하게 만드는 것은 어쩌면 '겸손'이 아닌가 생각합니다. 기업도 내재가치가 저평가된 것처럼 보여도 결국 자기 가치로 수렴하는 것이 이치인 것처럼, 오늘날 '버크셔 해서웨이', '워런 버핏&찰리 멍거'의 대성공은 이렇게 출발선부터 남달랐기 때문이라고 생각합니다.

버크셔 해서웨이의 부회장인 멍거는 버핏과 함께 주식투자와 경영전략 분야에서 두각을 나타낸 인물로 유명합니다. 멍거는 1924년에 태어나, 2023년 타계했는데 미국의 대표적인 투자가이자 비즈니스 파트너로서 버크셔 해서웨이에서 버핏과 함께 활동했습니다. 멍거는 평소에 직설적이고 현명한 의견을 내는 것으로 유명했습니다. 그의 주요 투자철학은 극도로 간결하면서도 합리적인 원칙에 근거하고 있습니다. 또한 그는 비즈니스의 본질과 경영에 대한 통찰력을 가지고 있으며, 이를 통해 버크셔 해서웨이가 수십 년 동안 지속적으로 성장하고 이익을 창출하는 데 기여했습니다.

제2장

안전마진 가치투자, 더 잘 이해해 보자

1
PER(주가수익비율)로
살펴보는 안전마진

앞서 편의점 권리금의 본질가치를 구할 때 3년 평균 순이익이 3년간 지속될 거라고 가정하여 다음과 같이 본질가치를 산출한 바 있습니다. 순이익의 연속성이 3년간 지속될 것이란 가정은 다시 말해 자본화계수를 3배로 설정했다는 말과 같은데요.

- 권리금 (본질가치) = 7천만 원 (3년 평균 순이익) × 3년 (자본화계수) = 2.1억 원
- 자본화계수 (3배) = 권리금 (2.1억 원) / 3년 평균 순이익 (7천만 원)

여기서 그레이엄이 언급했던 자본화계수, 더 흔히 불리는 배수Multiple로 순이익 대비 주가 수준을 살펴보는 것을 주가수익비율PER, Price

Earning Ratio 이라고 합니다. 실무적으로는 발음대로 '퍼'라고도 불리는데, 주가를 주당순이익으로 나눈 값입니다. 개념이 어렵지 않고, 직관적이어서 정말 많이 사용하는데요. "퍼 30배는 역사적 고점 수준으로 동종산업에 비해 너무 비싸다"라는 식으로 논쟁을 벌이는데 권리금 계산 시 왜 3년 평균 순이익이 3년간 지속될 거라고 가정하는지 다투는 것과 사실상 같은 이치입니다.

주가수익비율(PER) = 주가(P) / 주당순이익(EPS)

PER을 구할 때 분모값인 주당순이익에 이미 발표된 과거 값을 쓸지, 아니면 애널리스트들의 분석자료가 가미된 예상 주당순이익을 쓸지로 나뉩니다. 이렇게 주당순이익의 시기에 따라 PER은 최근 발표된 4개 분기 주당순이익을 합산하여 산출된 PER(기발표된 실적 기준), 향후 발표될 4개 분기 예상 주당순이익을 합산하여 산출된 '12개월 예상 PER'로 양분할 수도 있습니다. 지금 주가를 설명할 때 최근 발표된 실제 벌어들일 주당순이익 대비로 볼지, 아니면 지금부터 향후 1년간 벌어들일 주당순이익으로 평가할지 각각 나눠볼 수 있습니다. 기업의 본질가치(적정주가)는 '미래 현금흐름을 현재가치로 할인한 값'으로, 주가는 기업가치를 선반영하는 선행성을 지닌다는 관점에서 가까운 미래의 예상치로서 현재 주가를 설명하는 것이 합리적이라고 볼 수 있습니다.

한편 PER은 기업 순이익의 향후 지속가능한 연수年數로도 해석 가능합니다. 예를 들어 삼성전자의 PER 15배는 향후 1년간 벌어들일 주당순이익이 15년간 지속될 것이라는 연수를 반영한 것입니다. 이에 대해서는 시장 전체(추정치 있는 기업군)가 10배 내외인 데 비해 너무 과대평가된 것일 수도, 아니면 향후 12개월은 비싸더라도 그다음 12개월(13~24개월) 대비로는 저평가되었다고도 볼 수 있습니다. 따라서 미래이익을 전용할 때도 어떤 부분까지 고려해야 하는지는 산업과 기업에 따라 다른 기준이 적용될 가능성도 감안해야 합니다. 삼성전자에 대한 권리금은 1년 후 주당순이익보다는 2~3년 후의 주당순이

그림 2 - 1. 네이버증권에서 PER과 PER밴드 찾는 법

네이버증권에서 PER 찾는 법

네이버증권에서 삼성전자 검색 → 우측 하단에서 현 주가 대비 PER 찾기

네이버증권에서 PER 밴드 찾는 법

네이버증권에서 '삼성전자' 검색 → 상단에서 종목분석 탭 → 중단까지 드래그하면 밴드차트

익까지 고려된다는 것으로도 해석될 것입니다.

삼성전자의 PER 분석 이야기를 조금 더 깊숙이 하겠습니다. 앞의 그림에서 확인되는 것처럼 삼성전자의 2024년 예상 주당순이익 대비 주가, 즉 2024년 기준 예상 PER은 15배이고, 12개월 예상 PER도 15배 전후 수준이니 PER 측면에서 비싼 주식 아니냐는 볼멘소리를 할 수 있습니다. 실제로 12개월 예상 PER 시계열 추이를 보자면 지난 10년 이래 가장 비싼 수준이긴 합니다. 그럼에도 외국인 투자자들은 2023년 연초부터 삼성전자를 무려 10조 원 전후까지 사기도 했는데요. 예상 PER은 역사적 수준으로 비싼데도, 왜 저렇게 외국인들은 삼성전자를 계속 샀을까요?

다음과 같이 생각합니다. 외국인 투자자들은 진입 초기에는 저PER 수준에서 저가매수를 시도하지만, 진입 초기가 지나 주가 회복기에 들어서는 절대적인 밸류에이션으로 주가를 판단하기보다는, '밸류에이션갭(12개월 예상 PER-24개월 예상 PER)'을 통해서 장기이익 성장성을 가늠하기 때문으로 추정합니다. 이런 밸류에이션갭의 개선은 곧, '13~24개월 예상 순이익'이 '1~12개월' 수준을 능가한다는 것으로서 장기 투자 성향의 외국인 투자자를 유인하는 중요한 이익전망 판단의 근거가 됩니다. 즉 가까운 미래인 12개월 예상 PER이 부담되더라도 더 먼 미래인 24개월 이후 기준으로 저평가 매력이 충분하다면 중장기 이익 성장성을 더 중시하는 외국인 투자자들은 보유 지분율을 증가시킨다는 것을 다음 그림에서 확인할 수 있습니다. 밸류에이션갭이

그림 2-2. 삼성전자의 예상PER과 외국인지분율 추이

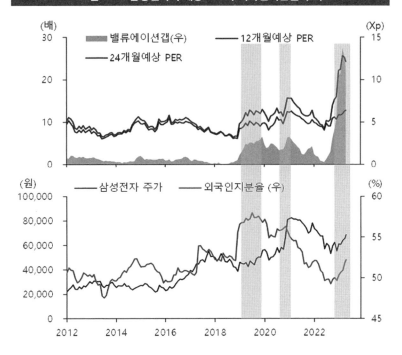

늘어날 때, 위의 그림처럼 외국인 지분율이 따라 늘어나는 것을 명확히 확인할 수 있습니다.

중장기적 투자 성향의 외국인투자자는 PER의 절대 수준보다는 중장기 이익 성장성을 가늠할 수 있는 밸류에이션갭, 특히 24개월 예상 PER의 저평가 수준을 더 중시합니다. 즉 밸류에이션상 '지금은 비싸더라도, 앞으론 저렴해질' 종목군을 사는 것이라고 해석됩니다. 응용하자면 밸류에이션갭을 통해 중장기 이익 성장에 따른 미래가치 유망주, 잠재적인 외국인들이 좋아할 만한 주식을 찾을 수 있다는 논리도 됩니다.

물론 PER의 활용법은 가치주와 성장주에 따라 많이 다릅니다. 이른바 저PER 성격이 강한 가치주의 경우 역사적 수준 대비 낮은 PER은 수익가치 대비 저평가 매력을 부각시켜서 좋은 매수 신호가 되기도 하고, 역사적 수준 대비 높은 PER은 고평가로 인한 논란이 커지면서 매도 신호가 되기도 합니다. 예를 들어 순수가치주 지수의 경우 역사적 고PER에서는 고평가에 따른 주가 하락 신호를 나타내고, 반대로 역사적 저PER 국면에서는 저평가로 인한 주가 상승 신호를 알려주기도 합니다.

그런데 한국 성장주의 경우 PER과 주가 추이를 포개어 봤을 때 과연 저PER국면이 좋은 매수 진입 기회인지 확신하기는 어렵습니다. 물론 저PER로 간주하기도 어려울 정도로 낮을 때도 15배 전후이니 저PER이라 저평가 매력이 높다는 준거점을 쉽게 정의할 수는 없습니다.

그림 2 - 3. 순수 가치지수와 PER 추이

출처: Dataguide

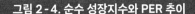

그림 2-4. 순수 성장지수와 PER 추이

출처: Bloomberg

그리고 오히려 역사적으로 고PER인 경우 주가 저점 시그널인 경우도 있습니다. 그래서 성장주 투자는 '고PER에 사서, 저PER에 팔라'는 식으로 가치주와는 반대의 논리를 펴기도 합니다. 앞서 삼성전자 사례와 마찬가지로 성장주는 가까운 PER보다는 보다 먼 미래의 PER이 저평가된 경우, 즉 밸류에이션갭이 커질 때가 투자 매력도가 커진다고 볼 수 있으므로 '고PER에 사서, 저PER에 팔라'는 격언이 통할 수 있는 것입니다.

PER은 대단히 중요한 개념이니, 다시 한번 정리하겠습니다.

주가수익비율(PER) = 주가(P) / 주당순이익(EPS)

주가(P) = 주가수익비율(PER) × 주당순이익(EPS)

위 공식의 결과는 미래 주가가 상승하려면 주당순이익이 오르거나 주가

수익비율이 올라야 한다는 의미입니다. 저PER주인 가치주에게는 가까

운 미래의 주당순이익 개선이 주가를 견인하는 동력인 것이고, 고PER

인 성장주에게는 당장의 이익개선이 미약하더라도 조금 먼 미래의 이익

성장성이 주가수익비율의 대폭적인 개선을 통해 주가상승으로 이어진

다는 점을 반드시 기억하시기 바랍니다. 국내 증시 전체적(코스피지수)으

로 12개월 예상 PER 기준 10배 수준이라면 저평가 영역에 속해 좋은 매

수기회로 인식됩니다. 이는 곧 국내 대표 대형주들이 가치주의 성질을

일정 부분 보유한 것으로도 해석됩니다.

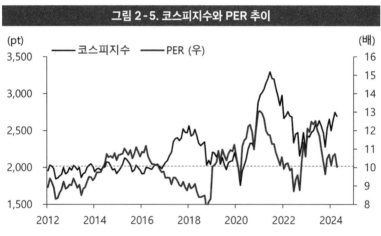

그림 2-5. 코스피지수와 PER 추이

출처: Dataguide

PBR(주당순자산비율)로
살펴보는 안전마진

앞서 편의점 권리금의 본질가치를 구할 때 3년 평균 순이익이 3년간 지속될 거라고 가정하고 PER로 계산한 바 있는데요. 이번에는 업력이 실제로는 3년 이하로 짧아서 아직 순이익은 미미한 편의점을 인수하기 위해 권리금 협상을 한다고 생각해 보죠. 이때는 순이익의 연속성을 가지고 권리금을 계산할 근거가 약하기 때문에 편의점 개업 당시 인테리어에 투여했던 초기 투자비(8천만 원)와 현재 편의점이 보유한 제품 재고(5백만 원) 정도를 합한 값을 가지고 권리금을 산출하게 됩니다. 물론 초기 투자비가 투여된 인테리어는 2년 정도 지났으니 노후화된 부분을 제하고(감가상각), 제품 재고 역시 유통기한 등을 따져봐야 하니 제값을 모두 줄 수는 없으므로 장부상 자산가치에 80% 정도만 쳐주겠다고 협상하게 됩니다.

> 권리금 (본질가치) = 8,500만 원 (초기 투자비와 제품 재고) × 0.8 = 6,800만 원
> = 장부가치 × 자본화 계수

현재 순이익이 미미한 편의점에 대한 인수 가격을 계산할 때는 미래 현금흐름 유입을 가정할 수 없으므로 현재 보유한 순자산(장부가치)만 고려하겠다는 것이 나름대로 합리적 계산법입니다. 유형자산이 큰 제조기업의 매각 시에는 이렇게 장부가치에다 80%, 즉 0.8배로 쳐주겠다고 하는 개념이 일반적으로 적용됩니다. 즉 기업이익의 연속성을 신뢰하긴 어렵고 현재 보유하고 있는 장부상의 순자산 정도만 일정 부분 할인해서 매수하겠다는 것입니다. 이렇게 순자산(장부가치) 대비 주가 수준을 살펴보는 것을 주가순자산비율PBR, Price Book Value Ratio이라고 합니다. 여기서 순자산은 부채를 제외한 자산으로, '자본금 + 자본잉여금 + 이익잉여금'의 합입니다. 주당순자산BPS은 1주당 순자산을 의미합니다.

> • PBR = 주가 / 주당순자산BPS
> • 주가 = 주당순자산 × PBR

이렇게 PBR은 주가로 대변되는 현 시장가치가 순자산 대비 저평가된 건지, 고평가된 건지를 따져보는 가치평가 기법입니다. 앞서 편의점 인수 사례에서 보듯이 기업이 인수 합병한다고 가정할 때 남들에

게 빌린 돈을 다 갚고 최종적으로 남은 돈 될 만한 것들을 순자산이라고 부를 수 있습니다. 그런데 현 주가를 순자산보다 싼지 비싼지를 따지므로 기업매각 시 매수자의 입장에서 어떻게든 깎아서 사보려는 의도가 엿보이는 보수적인 평가 방법입니다. 주로 기업이익의 연속성을 신뢰할 수 없고, 제조설비 등의 유형자산 비중이 높은 기업의 가치를 평가하는 데 적합합니다.

특히 코스피지수가 급락하여 PBR 1배 이하인 경우가 되면 순자산을 매각한다고 가정하여 현재 지수는 청산가치에도 미달하는 저평가 국면이라는 뉴스를 보게 됩니다. 마치 아이스크림 가게를 열기 위해 1억 원에 인수하겠다고 할 때, 기존 사장이 그건 아이스크림 설비 가격만도 못하다고 말도 안 된다고 이야기하는 것과 같습니다. 실제로 코스피지수가 빠르게 하락하여 PBR 1배를 하회하다가 0.8배 수준까지 후퇴했던 사례를 가깝게는 2019년 경기둔화, 2020년 코로나팬데믹, 2022~2023년 인플레이션 국면 등에서 볼 수 있습니다. 2020년 급락 당시 코스피지수 하단을 가늠하게 해줬던 것이 PBR입니다. 당시 전문가들은 "역사적 저점은 0.6~0.7배이기 때문에 여기에 해당하는 코스피 1400~1500선에서 바닥이 형성될 것이다"라고 입을 모았습니다. 실제로 그 무렵에서 바닥을 찍고 반등한 바 있습니다. 코스피지수가 PBR 1배에서 크게 이탈하여 0.6~0.7배까지 하락한다는 것은 기업의 순자산가치가 낮아져도 살 사람이 없어서 헐값으로 팔릴 것이라는 공포심리가 극에 달한 것을 의미합니다. 하지만 역설적으로는

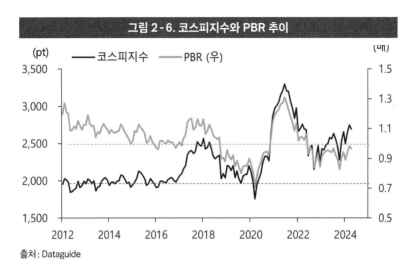

그림 2 - 6. 코스피지수와 PBR 추이

출처: Dataguide

10년에 한 번 나올까 말까 하는 PBR 기준의 좋은 매수기회이기도 했습니다.

물론 2011~2016년까지의 박스권 장세에서 PBR 1배는 저평가 판단의 중요 분기점이긴 했으나 2019년 이후 1배 이하에 머무는 기간이 길어지면서 한국증시의 PBR 1배 이하 국면이 고착화되는 것 아닌가 하는 우려도 큰 편이긴 합니다.

한국증시의 저평가를 논할 때 PBR 변수는 비교적 좋은 설명력을 가집니다. 이는 우리나라 핵심 기업들 중에 유형자산 중심의 제조업 기업이 다수 포진해 있기 때문입니다. 특히 기업 보유의 토지 등 부동산 가치는 현재 시가 대비 저평가된 경우가 많습니다. 만약 기업이 급하게 청산하는 것이 아니라면 현금성 자산이 많거나 보유 부동산 비중이 높은, 이른바 자산주들은 실제 청산가치가 현재 장부상 가치보

그림 2 - 7. 네이버증권에서 PBR밴드와 PBR 찾는 법

네이버증권에서 PBR 밴드 찾는 법

네이버금융에서 삼성전자 검색 → 상단에서 종목분석 탭 → 중단까지 드래그하면 밴드차트

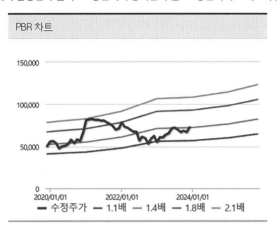

네이버증권에서 PBR 찾는 법

네이버증권에서 삼성전자 검색 →우측 하단에서 현 주가 대비 PBR찾기

다는 높을 개연성이 있습니다. 이런 기업들은 시장 충격으로 급락했을 경우 실제 청산가치보다도 더 낮게 평가될 때가 좋은 매수기회인 것이죠. 대표적으로 삼성전자의 경우 PBR 1배는 매우 좋은 저점 매수기회였습니다.

PBR과 함께 몇몇 경제지표들까지 같이 활용하면 코스피지수의 진짜 바닥 찾기에 신뢰감을 더할 수도 있습니다. 대표적으로 한국의 재고순환지표와 경기선행지수, 순환변동치 등 선행지수들의 바닥 통과 현상이 동반된다면 코스피지수의 저점을 더욱 쉽게 확인할 수 있습니다.

한편 지금까지 살펴봤던 주가 저점을 가늠할 수 있는 PBR 저평가의 미덕에도 불구하고, PBR에 대한 비판적인 견해도 있습니다. PBR 계산의 분모값인 주당순자산에는 영업권 등의 무형자산 가치를 과소계상하는 경향이 반영돼 올바른 기업가치 산정에 어려움을 초래한다

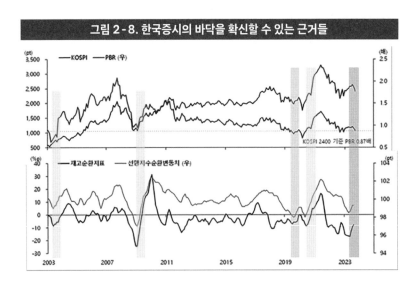

그림 2-8. 한국증시의 바닥을 확신할 수 있는 근거들

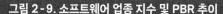

그림 2-9. 소프트웨어 업종 지수 및 PBR 추이

출처: Bloomberg

는 것입니다. 이 같은 비판은 2010년 이후 빅테크 기업들의 고평가 논란에도 불구하고 이어졌던 장기랠리를 설명하지 못한 것으로 입증됩니다. 이는 빅테크 플랫폼 기업들의 브랜드 가치 및 네트워크 가치가 장부가치에 제대로 반영되지 않았기 때문입니다. 예를 들어 국내 소프트웨어 업종의 주가를 판단할 때 PBR은 주가 저점이나 주가 고점에 대한 판단에 별다른 도움을 줄 수 없습니다. 이처럼 눈에 보이지 않는 무형자산 비중이 높은 것으로 추정되어 장부상에서도 잘 드러나지 않는 기업의 가치를 평가할 때는 PBR에 대한 대안으로 PSR(주가매출비율)*을 사용할 수 있을 것입니다.

PSR price selling ratio는 주가를 주당 매출액으로 나눈 것으로 기업의 성장성에 주안점을 두고 상대적으로 저평가된 주식을 발굴하는 데 이용하는 성장성 투자지표를 말한다. PSR이 낮을수록 저평가됐다고 본다.

배당수익률로
살펴보는 안전마진

버핏에 따르면 현금이 쌓여도 평균 이상의 수익률을 가지고 재투자하지 못하는 기업이 취할 수 있는 합리적이고 책임 있는 유일한 방안은 주주들에게 그 돈을 돌려주는 것이다. 여기에는 두 가지 방법이 있다. 하나는 배당을 시작하거나 증액시키는 것이고, 다른 하나는 자사 주식을 취득하는 것이다.

_《워런 버핏의 완벽투자기법》 중에서

앞서 안전마진의 범주를 그림 2-10과 같이 정의한 바 있습니다.

방금 전까지 'PER과 PBR로 살펴보는 안전마진'에서 설명한 내용은 모두 주식투자 시 저렴할 때 매수하여 매도 시 시세차익을 높임으로

그림 2-10. 안전마진의 범주		
	투자수익의 안전성 Margin of Safety	안전한 투자수익 Safe margin
성격	그레이엄 등 가치투자의 근본원리	폭넓은 개념으로 다수 대중들에게 막연하게 인지
수익의 성질	중도매각을 통한 자본차익	만기보유를 가정으로 한 인컴수익
원금손실 가능성	상대적으로 높음	상대적으로 낮음

써 안전마진을 극대화하는 과정을 보여줍니다. 단순히 말해 안전마진의 범주 중 '투자수익의 안전성' 측면을 다뤘던 것입니다. 그렇다면 이번에 다뤄볼 '배당수익률로 살펴보는 안전마진'은 주식의 장기 보유를 통해 기업 성과의 일정 부분을 현금 배당금의 형태로 향유하는 '안전한 투자수익'의 하나로서 볼 수 있습니다. 이러한 배당금을 수취하는 주식투자는 2가지 측면에서 안전마진 가치투자를 구현하는데 적합한 투자방식입니다.

첫째, 배당금 수익은 경기둔화기의 주식가격 변동성 확대에 대한 일종의 안전판 역할을 하는 경기 방어적인 성질이 있습니다. 예를 들어 7%의 배당수익률이 기대되는 종목의 경우 -5%의 주가 하락 시에도 여전히 2% 수익을 확보할 수 있으니 배당금을 지급하지 않는 기업에 비해 주가 변동성이 낮은 특징이 있습니다. 물론 배당을 현금으로 지급한다는 것은 해당 기업의 현금성 자산, 이익잉여금 등 잉여자원이 충분하다는 것을 과시하는 것이니, 투자자들의 선호를 받을 가능

성이 큽니다. 또한 투자자 입장에서 배당수익의 대체재는 채권의 이
자수익이라고 가정할 때 경기둔화로 인해 시장금리 하락이 나타난다
면, 배당수익에 대한 매력도는 더욱 돋보일 수 있습니다.

둘째, 현금 배당금을 꾸준하게 지급하는 배당주들은 일반적으로 가
치주에서 나타나는 저PER 시 비중확대 전략이 좋은 성과로 연결되는
성질을 가지고 있습니다. 반드시 일치하진 않지만 배당주들은 업력이
오래되고, 성숙기 산업인 경우가 많기 때문에 가치주의 특징도 일정
부분 가지는 경향이 있습니다. 다음 그림처럼 역사적 저점 수준의
PER(11~12배)에서 글로벌 배당주를 매수했다면 1년 정도만 보유하면
좋은 성과로 연결되는 것을 확인할 수 있습니다. 이러한 특징은 배당
수익률로도 비슷하게 확인됩니다. 배당가치 측면에서 쌀 때(고배당 수
익률)에 사서 비쌀 때(저배당 수익률)에 파는 것은 이른바 PER 전략(저

그림 2 - 11. 전 세계 고배당 지수와 해당 지수의 PER

출처: Bloomberg

배당수익률 = 주당 배당금(DPS) / 주가
     = 최근 결산기 보통주 DPS*(현금, 무상조정) / 보통주 주가

*DPS = 총 배당금 / 발행주식 총수, 단 주식배당 및 자사주 매입 등의 효과
     를 발행주식 총수 계산에 반영함

PER에 사서 고PER에 팔라)과 유사하게 무난한 전략으로 생각합니다.

안전마진을 고려할 때 왜 배당수익률을 중요한 판단 기준으로 봐야할까요? 배당수익률은 배당가치 측면에서 저평가 정도를 측정하는 방법론으로서, PER(수익가치 측면), PBR(자산가치 측면)과 마찬가지로 투자 적기를 가늠하는 역할을 합니다. 위 배당수익률 공식을 보면 주당 배당금은 최근 결산기 혹은 중간 분기 배당의 경우 1년 치를 합산하여 사용되므로 큰 폭의 변동성을 보이진 않습니다. 하지만 주가는 매일 등락을 반복하기 때문에 고배당 수익률은 주로 분모인 주가 하락을 통해 나타납니다. 주로 전년도 수준을 유지하려는 하방경직성을 지닌 배당정책 영향으로 주당배당금DPS, Dividend Per Share은 비교적 안정적인 데 비해 지나친 주가 하락은 배당금 대비 저평가 현상을 반영하는 것으로 '저PER', '저PBR'처럼 안전마진 가치투자자 입장에서는 좋은 진입 기회로 판단할 수 있습니다. 주로 현금 배당금은 당기 기업이익과 함께 움직이지만, 배당 재원은 더 크게 보면 기존에 쌓아온 '이익저수지'인 이익잉여금에서 비롯되기 때문에 기업이익보다도 하방경직성이 강하고, 특히 주주들의 권한이 강해지고 있는 현 상황을 고려할 때

적어도 전기 수준 정도는 유지하려는 경향이 강하다고 추측할 수 있습니다.

2022년 말 현대차 주가 하락으로 형성된 배당수익률 4.64%를 보면서, 배당수익률을 고려하는 장기 투자자들은 '아무리 악재가 있다지만, 이 정도 배당수익률이라면 길게 보고 사야 하는 건 아닌가'라고 고민할 만한 배당수익률 측면의 임계점에 근접한 것입니다.

만약 현대차가 고배당 수익률을 보였던 2022년 말에 투자했다고 가정하면, 배당가치 측면에서 투자시기상 저가매수 기회였다고 할 수 있습니다.

- 인컴 측면: 2022년 배당수익률 4.64%,
- 주가 측면: 2022년 말~2023년 초는 낮은 주가 수준 (최소값 150,500원)으로

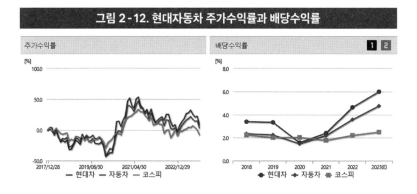

그림 2 - 12. 현대자동차 주가수익률과 배당수익률

만약 현대차 보통주를 2022년 배당락일 직전일(2022년 12월 27일)의 종가 158,000원에 매수하여 2023년 6월 말(206,500원)에 매도했다면 30.7%의 양호한 수익률을 확보할 수 있었을 겁니다.

- 자본차익: 매수가 158,000원 → 매도가 206,500원 (2023년 6월 30일 기준), 30.7%
- 인컴수익: 주당 6100원 (22년 결산배당), 주당 1500원 (23년 2분기 배당)=주당 7600원, 배당수익률 4.8% (=7600/158000)
- 합산수익률: 35.5%

다만 주가 급락으로 분모값이 줄어들어서 배당수익률만 높아지는 경우 이른바 배당수익률의 '착시현상'을 가져올 수 있으므로 유의해야 합니다. 만약 '배당수익률 5%를 얻고자 주가가 −10% 급락하면' 배당

그림 2 - 13. 한국증시의 배당수익률 Top 10 종목들

종목명	현재가	기준월	배당금	수익률 (%)	배당성향 (%)	ROE (%)	PER (배)	PBR (배)	과거 3년 배당금 1년전	2년전	3년전
한국패러렐	216	23.12	2,168	1,003.70	-	-	-	-	390	90	235
예스코홀딩스	37,250	23.12	8,750	23.49	-	-	-	-	2,500	2,250	2,000
에이블씨엔씨	7,370	24.04	1,427	19.36	604.99	-	-	-	0	0	0
NH프라임리츠	4,020	23.11	531	13.21	58.40	12.18	6.12	0.71	225	248	246
크라운즈	17,950	23.12	2,000	11.14	-	-	-	-	1,800	2,000	800
마스턴프리미…	2,880	23.09	305	10.59	-73.35	-4.24	-13.64	0.60	111	-	-
케이탑리츠	964	23.12	95	9.85	-	-	-	-	108	38	77
미래에셋글로…	2,960	23.09	288	9.74	177.22	1.63	37.20	0.61	180	-	-
제이알글로벌…	4,060	23.06	380	9.36	140.30	3.19	31.64	0.96	366	300	-
미래에셋맵스…	3,065	23.11	284	9.27	48.98	-	10.72	-	279	268	129

출처: 네이버증권

투자 측면에서는 결국 -5%이니 득 될 게 없죠. 이러한 착시현상을 극복하기 위해서는 주가 하락의 원인이 해당 산업 및 기업의 '구조적' 요인 때문인가, 호경기 불경기에 따른 '순환적' 요인인가, 아니면 부정적 뉴스로 인한 충격으로 '일시적' 현상인가 등을 꼼꼼히 따져봐야 할 것입니다. 특히 주가 부진이 소비자 트렌드의 근본적인 변화나 새로운 기술혁신으로 업계 재편과 같은 구조적인 충격으로 발생했다면, 배당수익률이 높아지더라도 조심해야 합니다. 현재 한국증시의 배당수익률 Top 10 종목들 역시 이익 부진에도 이익창출력 대비 과도한 배당을 실시하거나, 주가 급락으로 배당수익률이 높아진 리츠 종목군들이 다수 포함된 점은 감안해야 할 것입니다.

'배당수익률의 착시현상'을 극복하려면 다음과 같은 세 가지 사항을 고려해야 합니다.

1 배당 및 기업이익의 지속가능성: 최근 3년 간의 배당 및 기업이익의 지속성 점검
2 비정상적 배당: 30% 이상의 과다 배당수익률, 100%를 초과하는 배당성향payout ratio, 현금배당/순이익)
3 특정 업종의 업황 부진 가능성: 고배당수익률 군에서 특정 업종이 과다한지를 파악

그림 2 - 14. 네이버증권에서 배당수익률과 배당수익률 추이 찾는 법

네이버증권에서 배당수익률 찾는 법

네이버증권에서 삼성전자 검색 →우측 하단에서 현 주가 대비 배당수익률 찾기

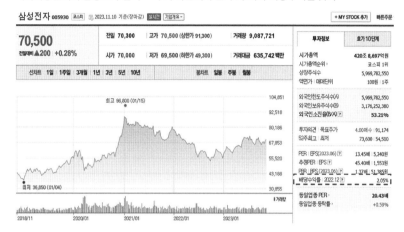

네이버증권에서 배당수익률 추이 찾는 법

네이버증권에서 삼성전자 검색 → 상단에서 섹터분석 탭 → 중단까지 드래그하면 섹터 비교

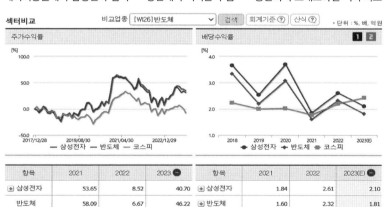

4

나만의 안전마진
종목을 찾아보자

그레이엄, 버핏, 멍거 같은 가치투자의 대가들을 볼 때마다 늘 '과연 저 가치주는 어떻게 처음 발굴했을까' 궁금해집니다. 그렇다고 이분들이 수학적이고 통계적인 기법을 사용하는 계량분석모델Quant model을 매일 활용하진 않은 것 같습니다. 그 시작점을 알고 싶어 뒤져봐도 딱히 공통점은 없는 것 같습니다. 다만 피터 린치가 말하는 "아는 것에 투자하라", 이 가르침은 참 와닿습니다. 이 격언은 투자자들에게 자신이 이해하고 있는 비즈니스나 산업에 투자하는 것이 중요하다는 메시지를 전달합니다. 여기에서 '아는 것'은 투자자가 이해하고 경험한 산업, 회사, 제품 등을 의미합니다. 린치는 투자자들이 각자의 투자 대상 기업이 하는 일과 그 산업의 동향을 이해하고, 그에 따라 투자를 결정해야 한다고 강조했습니다. 이는 투자자가 더 나은 판단을 내릴 수 있고, 투자 대상에 대한 심층적인 분석과 평가를 할 수 있도록 돕습니다. 그리고 이런 식으로 접근하면 투자에 대한 자신감을 높이고, 투자 결정에 대한 부담을 줄여줍니다. 물론 "아는 것에 투자하라"고 하면 "아는 것이 별로 없어서…"라며 소극적으로 말하는 분들이 많긴 합니다. 그렇다면 큰 종목(시가총액 상위주)이라도 평소에 공부하고, 안전마진이 충분히 확보된 가치주인지 가늠해 보자는 차원에서 네이버증권을 활용한 안전마진 가치주 찾는 법을 차근차근 소개해드리고자 합니다.

1) 나만의 안전마진 기준을 정립하자

버핏의 활약 시기 중후반부인 1990년 이후는 '무조건 싼 주식'보다는 "적정한 가격에 좋은 기업을 사자"는 피셔나 멍거의 철학이 강조되면서 가치투자에 측면에서 보다 정성적인 부분(경제적 해자, 경영자의 가치)이 중요해집니다. 다만 이 부분은 워낙 대가들의 영역이니, 일단 재무 데이터로 해결할 수 있는 부분을 일차적으로 고려하려고 합니다. 이를 위해서 대표 기업 주식으로 구성된 인덱스 중 전 세계 시장 점유율 1위인 'MSCI'의 견해를 참고하면 좋을 것 같습니다. MSCI가 2021년 2월에 발표한 'MSCI GLOBAL INVESTABLE MARKET VALUE AND GROWTH INDEX METHODOLOGY'에 따르면 가치주 정의는 다음과 같습니다.

그림 2 - 15. MSCI가 정의하는 가치주의 기준

The value investment style characteristics for index construction are defined using the following three variables:

- Book value to price ratio (BV / P)
- 12-month forward earnings to price ratio (E fwd / P)
- Dividend yield (D / P)

번역을 하면 세 가지 기준을 쓰는 것을 알 수 있습니다.

- PBR의 역수
- PER(12개월 선행 EPS 기준)의 역수
- 배당수익률

역수를 쓴 것은 값이 클수록 가치주 요건에 부합한다고 일치시키려는 것일 뿐, MSCI가 강조하는 가치주는 '저PBR, 저PER, 고배당수익률'이라는 것을 알 수 있습니다. 그러면 전 세계 1등 인덱스인 MSCI의 기준을 일단 믿고, 이 세 가지 기준을 중심으로 네이버증권을 활용하여 차근차근 구해보도록 하겠습니다. PER, PBR, 배당수익률을 복습하시려면 바로 직전에 다룬 내용들을 살펴보면 쉽게 이해되실 겁니다.

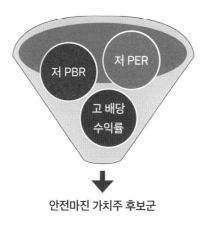

그림 2-16. 안전마진 기준 정하기

안전마진 가치주 후보군

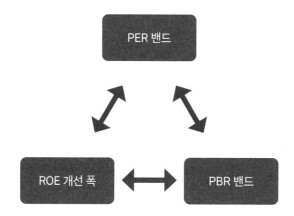

PER 밴드

ROE 개선 폭 ⟷ PBR 밴드

2) 네이버증권을 활용하여 'PBR-PER-배당수익률' 구하기

① 먼저 네이버증권을 열어서, '네이버증권-국내증시-시가총액' 화면을 찾아봅시다. ② 시가총액 아래 항목을 체크하고 적용하기 버튼을 누르면 다음과 같이 나옵니다.

그림 2-17. 네이버증권으로 시가총액순 데이터 검색

③ 위 데이터를 아래와 같이 드래그하여 복사하기를 하고, MS 엑셀
을 열어서 붙여넣기(선택하여 붙여넣기-텍스트) 합니다.

그림 2-18. 데이터 드래그하기

| 코스피 | 코스닥 |

N	종목명	현재가	전일비	등락률	액면가	시가총액	보통주배당금	PER	PBR	토론실
1	삼성전자	68,000	900	-1.31%	100	4,059,452	1,444	12.98	1.32	
2	LG에너지솔루션	484,000	9,500	-1.93%	500	1,132,560	N/A	82.10	5.65	
3	SK하이닉스	124,700	500	+0.40%	5,000	907,819	1,200	-11.08	1.49	
4	삼성바이오로직스	721,000	7,000	-0.96%	2,500	513,165	N/A	62.15	5.51	
5	삼성전자우	55,300	400	-0.72%	100	455,056	N/A	10.55	1.08	
6	POSCO홀딩스	512,000	6,000	-1.16%	5,000	433,005	12,000	34.51	0.71	
7	현대차	187,100	900	-0.48%	5,000	395,775	7,000	5.42	0.55	
8	LG화학	528,000	1,000	-0.19%	5,000	372,728	10,000	27.61	1.29	
9	삼성SDI	526,000	9,000	-1.68%	5,000	361,701	1,030	17.60	2.00	
10	기아	84,200	300	-0.36%	5,000	338,521	3,500	4.59	0.77	

그림 2-19. 엑셀에 붙여넣기

	A	B	C	D	E	F	G	H	I	J	K
1	N	종목명	현재가	전일비	등락률	액면가	시가총액	보통주배당	PER	PBR	토론실
2	1	삼성전자	68,000	하락 900	-1.31%	100	4,059,452	1,444	12.98	1.32	토론실
3	2	LG에너지	484,000	하락 9,500	-1.93%	500	1,132,560	N/A	82.1	5.65	토론실
4	3	SK하이닉	124,700	상승 500	0.40%	5,000	907,819	1,200	-11.08	1.49	토론실
5	4	삼성바이오	721,000	하락 7,000	-0.96%	2,500	513,165	N/A	62.15	5.51	토론실
6	5	삼성전자우	55,300	하락 400	-0.72%	100	455,056	N/A	10.55	1.08	토론실
7	6	POSCO홀	512,000	하락 6,000	-1.16%	5,000	433,005	12,000	34.51	0.71	토론실
8	7	현대차	187,100	하락 900	-0.48%	5,000	395,775	7,000	5.42	0.55	토론실
9	8	LG화학	528,000	하락 1,000	-0.19%	5,000	372,728	10,000	27.61	1.29	토론실
10	9	삼성SDI	526,000	하락 9,000	-1.68%	5,000	361,701	1,030	17.6	2	토론실
11	10	기아	84,200	하락 300	-0.36%	5,000	338,521	3,500	4.59	0.77	토론실
12	11	NAVER	191,800	하락 1,800	-0.93%	100	314,646	914	43.19	1.28	토론실
13	12	포스코퓨처	348,000	0	0.00%	500	269,572	300	218.87	10.73	토론실
14	13	KB금융	56,600	상승 100	0.18%	5,000	228,387	2,950	4.98	0.39	토론실
15	14	현대모비스	232,500	하락 1,500	-0.64%	5,000	219,213	4,000	7.38	0.54	토론실
16	15	셀트리온	143,900	하락 200	-0.14%	1,000	210,674	399	38.37	4.81	토론실
17	16	삼성물산	107,800	하락 100	-0.09%	100	200,068	2,300	9.11	0.56	토론실
18	17	카카오	43,200	하락 450	-1.03%	100	192,018	60	164.89	1.78	토론실
19	18	신한지주	35,500	하락 50	-0.14%	5,000	183,004	2,065	4.11	0.35	토론실
20	19	LG전자	105,100	하락 900	-0.85%	5,000	171,994	700	46.34	0.95	토론실
21	20	SK이노베	147,100	상승 300	0.20%	5,000	148,064	0	-16.54	0.64	토론실

엑셀에 붙여넣은 항목 중 불필요한 항목(빈 열, 전일비, 등락률, 액면가)은 정리하고, G열에 '배당수익률(=보통주 배당금/현재가×100)'을 수식으로 적용해 입력합니다. 그다음 아래의 그림처럼 정돈하면 됩니다. 그리고 앞서 MSCI 기준처럼 PER과 PBR의 역수(1/PER×100, 1/PBR×

그림 2-20. 배당수익률, PER의 역수, PBR의 역수 구하기

	A	B	C	D	E	F	G	H	I
1	종목명	현재가	시가총액	보통주배당	PER	PBR	배당수익률	PER의 역수	PBR의 역수
2	삼성전자	68,000	4,059,452	1,444	12.98	1.32	2.12	7.70	75.76
3	LG에너지	484,000	1,132,560	N/A	82.1	5.65	#VALUE!	1.22	17.70
4	SK하이닉	124,700	907,819	1,200	-11.08	1.49	0.96	-9.03	67.11
5	삼성바이오	721,000	513,165	N/A	62.15	5.51	#VALUE!	1.61	18.15
6	삼성전자우	55,300	455,056	N/A	10.55	1.08	#VALUE!	9.48	92.59
7	POSCO홀	512,000	433,005	12,000	34.51	0.71	2.34	2.90	140.85
8	현대차	187,100	395,775	7,000	5.42	0.55	3.74	18.45	181.82
9	LG화학	528,000	372,728	10,000	27.61	1.29	1.89	3.62	77.52
10	삼성SDI	526,000	361,701	1,030	17.6	2	0.20	5.68	50.00

100)를 각각 H와 I열에 수식으로 적용해 입력합니다.

그림 2-21. 안전마진 3요인의 곱셈으로 통합 점수 산출

| SUM | | ▼ | X ✓ fx | =G2*H2*I2 | | | | | |

	A	B	C	D	E	F	G	H	I	J
1	종목명	현재가	시가총액	보통주배당	PER	PBR	배당수익률	PER의 역수	PBR의 역수	
2	삼성전자	68,000	4,059,452	1,444	12.98	1.32	2.12	7.70	75.76	=G2*H2*I2
3	LG에너지솔	484,000	1,132,560	N/A	82.1	5.65	#VALUE!	1.22	17.70	
4	SK하이닉스	124,700	907,819	1,200	-11.08	1.49	0.96	-9.03	67.11	
5	삼성바이오	721,000	513,165	N/A	62.15	5.51	#VALUE!	1.61	18.15	
6	삼성전자우	55,300	455,056	N/A	10.55	1.08	#VALUE!	9.48	92.59	
7	POSCO홀	512,000	433,005	12,000	34.51	0.71	2.34	2.90	140.85	
8	현대차	187,100	395,775	7,000	5.42	0.55	3.74	18.45	181.82	
9	LG화학	528,000	372,728	10,000	27.61	1.29	1.89	3.62	77.52	
10	삼성SDI	526,000	361,701	1,030	17.6	2	0.20	5.68	50.00	

그림 2-22. 통합 점수 순으로 정렬하기

	A	B	C	D	E	F	G	H	I	J
1	종목명	현재가	시가총액	보통주배당	PER	PBR	배당수익률	PER의 역수	PBR의 역수	통합점수
2	HMM	14,390	70,373	1,200	1.52	0.33	8.34	65.79	303.03	166,250
3	우리금융지	12,540	95,371	1,130	3.13	0.3	9.01	31.95	333.33	95,966
4	기업은행	11,750	93,698	960	3.19	0.29	8.17	31.35	344.83	88,317
5	하나금융지	43,500	127,175	3,350	3.35	0.33	7.70	29.85	303.03	69,662
6	신한지주	35,500	183,004	2,065	4.11	0.35	5.82	24.33	285.71	40,437
7	KB금융	56,600	228,387	2,950	4.98	0.39	5.21	20.08	256.41	26,836
8	삼성생명	73,100	146,200	3,000	6.86	0.31	4.10	14.58	322.58	19,298
9	KT	32,550	83,934	1,960	6.91	0.48	6.02	14.47	208.33	18,155
10	현대차	187,100	395,775	7,000	5.42	0.55	3.74	18.45	181.82	12,551
11	기아	84,200	338,521	3,500	4.59	0.77	4.16	21.79	129.87	11,761
12	삼성화재	258,000	122,227	13,800	7.69	0.75	5.35	13.00	133.33	9,274
13	대한항공	20,150	74,196	750	5.57	0.8	3.72	17.95	125.00	8,353
14	SK텔레콤	49,150	107,556	3,320	10.08	0.93	6.75	9.92	107.53	7,206
15	LG	83,100	130,717	3,000	12.67	0.5	3.61	7.89	200.00	5,699
16	현대모비스	232,500	219,213	4,000	7.38	0.54	1.72	13.55	185.19	4,317
17	삼성물산	107,800	200,068	2,300	9.11	0.56	2.13	10.98	178.57	4,182
18	S-Oil	73,900	83,199	5,500	18.64	1.03	7.44	5.36	97.09	3,876
19	KT&G	87,000	119,444	5,000	13.52	1.1	5.75	7.40	90.91	3,864
20	고려아연	484,500	101,302	20,000	16.14	1.07	4.13	6.20	93.46	2,390
21	삼성에스디	135,500	104,847	3,200	10.38	1.24	2.36	9.63	80.65	1,835
22	삼성전자	68,000	4,059,452	1,444	12.98	1.32	2.12	7.70	75.76	1,239
23	POSCO홀	512,000	433,005	12,000	34.51	0.71	2.34	2.90	140.85	957
24	삼성전기	140,000	104,571	2,100	17.87	1.38	1.50	5.60	72.46	608
25	LG화학	528,000	372,728	10,000	27.61	1.29	1.89	3.62	77.52	532

3) 나만의 통합 점수 매겨보기

사실 'PBR-PER-배당수익률 구하기'까지 따라오셨으면 그 데이터만으로도 높은값 순서로 안전마진 가치주로의 매력도가 크다고 생각하면 됩니다. 그다음으로는 안전마진 가치주 요인들의 곱, 즉 '배당수익률×PER의 역수×PBR의 역수'로 통합 점수를 측정했습니다. 세 가지 기준을 곱셈했다는 것은 안전마진 가치주 요인의 교집합을 찾고자 하는 의도로서 대단히 엄격한 조건을 적용했다고 볼 수 있습니다.

점수순으로 보니 HMM, 우리금융지주, 기업은행, 하나금융지주, 신한지주, KB금융, 삼성생명, KT, 현대차순이네요. 다만 네이버증권 데이터의 한계점은 분명 있습니다.

① PER 데이터의 경우 이미 발표된 주당순이익을 기반으로 했기 때문에, MSCI가 12개월 선행 PER을 기준으로 한 것과는 차이가 있습니다. 즉 이미 지난 1년간의 순이익을 기초로 했기 때문에 후행성이 있을 수 있는 점을 감안해야 합니다.

② 배당수익률의 현금 배당금 역시 전년도 결산 기준입니다. 미래 주당배당금을 반영한 것은 아니라는 사실을 감안해야 합니다.

③ 이것만으로는 데이터의 연속성을 확인할 수 없습니다. 앞서 활용한 데이터는 특정 시점의 주가와 이미 발표된 재무제표를 토대로 뽑은 주당순이익, 주당순자산, 배당금으로 PER, PBR, 배당수익률을 산출한 것입니다. 그러므로 통합 점수는 거래소 상장 기업 중에서 특정 시점을 기준으로 상대적으로 매력적이라는 것이고, 해당 기업이

지난해 대비 매력적인지를 판단할 수는 없습니다.

이러한 특정 시점 데이터의 한계점을 극복하려면 시계열 데이터까지 고려한 '안전마진 스코어카드'가 필요합니다. 여기서는 네이버증권에서 제시하는 데이터를 활용한다는 점에서 통계적 완전성보다는 일반 투자자도 쉽게 이용할 수 있는 편의성에 주안점을 뒀습니다. 우선 과거 몇 년간의 데이터 모음인 시계열 데이터를 기반하여 'PER', 'PBR', 'ROE'로 스코어카드를 만들어 보겠습니다.

먼저 예시로 네이버증권에서 '현대차'를 검색하여 종목분석을 화면으로 들어가면 중단에서 밴드차트를 찾을 수 있습니다. 이 밴드차트는 현대차의 역사적인 PER, PBR 수준과 비교하여 현 위치가 어느 수준인지를 가늠할 수 있다는 점에서 의미가 있는데요. '그림 3-9'의 4가지 선 중에 맨 아래 선 이하인 경우 역사적인 최저 수준의 저평가를 가리킵니다. 이를 단순화시켜 4점 척도 중에 4점, 맨 아래서 첫 번

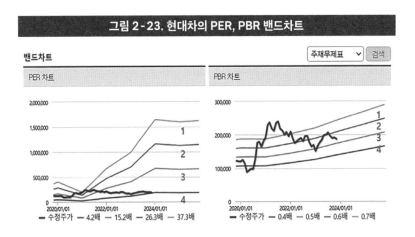

그림 2-23. 현대차의 PER, PBR 밴드차트

째 두 번째 선 사이는 3점, 맨 아래서 두 번째 세 번째 선 사이는 2점, 맨 아래서 세 번째 네 번째 선 사이는 1점을 부여합니다. 그렇게 점수 판에 기록하면 현대차 PER은 3점, PBR은 2점이 됩니다.

- 2%p 이상 개선에는 4점
- 1%p 이상 개선에는 3점
- 플러스 개선에는 2점
- -1%p 이내 악화에는 1점

ROE의 경우 과거 3년간의 평균값과 향후 3년간의 평균값을 비교하여 다음과 같이 점수를 부여합니다. ROE를 활용한 이유는 앞선 3개 요인(PER, PBR, 배당수익률)이 모두 과거 데이터로만 구성되어 향후 이익전망이 반영되지 않았기 때문에 이를 보완하기 위해서입니다.

- 과거 3년간의 평균 = (2.04+6.84+9.36) / 3 = 6.08%
- 향후 3년간의 평균 = (13.83+12.09+11.28) / 3 = 12.4%
- 개선 폭 = 12.4−6.8 = 5.6%p → 4점
- 스코어카드 합산점수 = PER 3점 + PBR 2점 + ROE 4점 = 9점

현대차를 예시로 네이버증권에서 ROE 데이터를 추출해 보겠습니다. 네이버증권 검색창에서 '현대차'로 조회하여 '종목분석-컨센서스 화면 중단'에서 다음의 테이블을 찾습니다.

물론 스코어카드는 그 자체보다는 앞선 안전마진 3가지 요인 통합

그림 2-24. 현대차 ROE 데이터

재무연월	매출액 (억원)	YoY (%)	영업이익 (억원)	당기순이익 (억원)	EPS (원)	BPS (원)	PER (배)	PBR (배)	ROE (%)	EV/EBITDA (배)	주재무제표
2019.12(A)	1,057,464.2	9.23	36,055.0	29,800.5	10,761	267,549	11.20	0.45	4.32	11.75	FRS연결
2020.12(A)	1,039,976.0	-1.65	23,946.7	14,244.4	5,143	266,968	37.33	0.72	2.04	16.57	FRS연결
2021.12(A)	1,176,106.3	13.09	66,789.5	49,423.6	17,846	289,609	11.71	0.72	6.84	11.37	FRS연결
2022.12(A)	1,425,275.4	21.19	98,197.7	73,643.6	26,592	315,142	5.68	0.48	9.36	7.96	FRS연결
2023.12(E)	1,610,929.6	13.03	149,881.3	120,927.1	44,066	353,095	4.25	0.53	13.83	6.35	FRS연결
2024.12(E)	1,669,292.5	3.62	145,970.9	117,264.3	42,771	387,508	4.37	0.48	12.09	6.22	FRS연결
2025.12(E)	1,733,354.4	3.84	146,575.6	119,742.6	43,675	422,988	4.28	0.44	11.28	5.92	FRS연결

점수로 추출한 종목군 중 상위 종목군의 자격요건을 재검증하는 용도로서 활용하고자 합니다. 예를 들어 안전마진 3가지 요인 통합점수상 가장 높은 스코어를 자랑한 종목은 HMM이었으나, 스코어카드 중 ROE 점수가 0점인 점을 고려하여 제거했습니다. 과거 데이터들은 지지하고 있으나 미래 전망이 개입된 ROE 점수가 0점인 것은 찬란했던

그림 2-25. 안전마진 통합점수와 스코어카드 결과값

	A 종목명	B 현재가	C 시가총액	D 보통주배당	E PER	F PBR	G 배당수익률	H PER의 역수	I PBR의 역수	J 통합점수	K	L PER	M PBR	N ROE	O 스코어카드
2	HMM	14,390	70,373	1,200	1.52	0.33	8.34	65.79	303.03	166,250		4	3	0	7
3	우리금융지	12,540	95,371	1,130	3.13	0.3	9.01	31.95	333.33	95,966		3	3	2	8
4	기업은행	11,750	93,698	960	3.19	0.29	8.17	31.35	344.83	88,317		3	3	2	8
5	하나금융지	43,500	127,175	3,350	3.35	0.33	7.70	29.85	303.03	69,662		3	2	1	6
6	신한지주	35,500	183,004	2,065	4.11	0.35	5.82	24.33	285.71	40,437		3	3	1	7
7	KB금융	56,600	228,387	2,950	4.98	0.39	5.21	20.08	256.41	26,836		3	2	1	6
8	삼성생명	73,100	146,200	3,000	6.86	0.31	4.10	14.58	322.58	19,298		3	3	2	8
9	KT	32,550	83,934	1,960	6.91	0.48	6.02	14.47	208.33	18,155		3	2	2	7
10	현대차	187,100	395,775	7,000	5.42	0.55	3.74	18.45	181.82	12,551		3	2	4	9
11	기아	84,200	338,521	3,500	4.59	0.77	4.16	21.79	129.87	11,761		3	2	4	9
12	삼성화재	258,000	122,227	13,800	7.69	0.75	5.35	13.00	133.33	9,274		3	1	4	8
13	대한항공	20,150	74,196	750	5.57	0.8	3.72	17.95	125.00	8,353		2	3	4	9
14	SK텔레콤	49,150	107,556	3,320	10.08	0.93	6.75	9.92	107.53	7,206		3	2	2	7
15	LG	83,100	130,717	3,000	12.67	0.5	3.61	7.89	200.00	5,699		2	3	3	8
16	현대모비스	232,500	219,213	4,000	7.38	0.54	1.72	13.55	185.19	4,317		3	3	4	10
17	삼성물산	107,800	200,068	2,300	9.11	0.56	2.13	10.98	178.57	4,182		3	3	4	10
18	S-Oil	73,900	83,199	5,500	18.64	1.03	7.44	5.36	97.09	3,876		3	3	2	8
19	KT&G	87,000	119,444	5,000	13.52	1.1	5.75	7.40	90.91	3,864		1	3	0	4
20	고려아연	484,500	101,302	20,000	16.14	1.07	4.13	6.20	93.46	2,390		2	1	0	3
21	삼성에스디	135,500	104,847	3,200	10.38	1.24	2.36	9.63	80.65	1,835		3	3	1	7
22	삼성전자	68,000	4,059,452	1,444	12.98	1.32	2.12	7.70	75.76	1,239		2	3	0	5

과거에 비해 미래 이익개선은 쉽지 않을 것이란 것을 암시하기 때문
입니다.

ROE (자기자본이익률)로
수익성이 뛰어난 기업 선별하기

> ROE = 당기순이익 / 자기자본

ROE는 '주주가 투여한 자본을 활용해서 얼마나 돈을 잘 벌었는지'를 측정하는 지표로서 전문가들에게 공인된 수익성 측정 기준입니다. 쉽게 생각할 때 주주 입장에서 ROE는 투자 원금에 대해 내가 당연히 요구할 수 있는 대가이니, 돈을 빌려준 사람이 요구하는 이자율과 유사한 개념으로도 볼 수 있습니다. 주주 입장에서 내 투자 원금(자기자본) 대비 당기에 얼마나 번다는 것은 다른 곳에 투자할 수도 있었던 가치인 기회비용과 비교해 볼 수 있으므로 유용하고 편리한 도구입니다.

만약 내가 주주로서 투자한 기업의 ROE가 경쟁 기업 대비 높다면 내 돈을 잘 활용해서 이익을 잘 내고 있으므로 좋은 기업에 대한 표창상을 주는 것은 당연합니다. 그래서 고ROE 기업은 일반적으로 밸류에이션(PER, PBR)상의 프리미엄을 받습니다. 거꾸로 ROE가 낮아졌다면 내 돈을 잘못 활용했다는 것이니 벌, 즉 디스카운트를 받게 될 것입니다. 물론 절대적인 ROE 레벨이 높은 기업이 좋은 건지, 향후 ROE 개선 폭이 뛰어난 기업이 좋은 건지는 따져봐야 하겠지만, 2가지 모두 주주 돈을 잘 활용했다는 측면에서 우량주라고 판단할 수 있습니다.

버핏은 1개년 정도의 단기적인 주당순이익보다는 중·장기적으로 내다보고 5년 평균의 주당순이익 혹은 ROE를 선호했습니다. 기업의 수익성을 단기적으로 보지 말고, 불황기와 호황기가 모두 포함된 장기적 관점에서 봐야 한다는 점에서 ROE의 장

그림 2-26. 삼성전자의 실적(예상)과 ROE 추이

재무연월	매출액 (억원)	YoY (%)	영업이익 (억원)	당기순이익 (억원)	EPS (원)	BPS (원)	PER (배)	PBR (배)	ROE (%)
2017.12(A)	2,395,753.8	18.68	536,450.4	413,445.7	5,421	30,427	9.40	1.67	21.01
2018.12(A)	2,437,714.2	1.75	588,866.7	438,908.8	6,024	35,342	6.42	1.10	19.63
2019.12(A)	2,304,008.8	-5.48	277,685.1	215,050.5	3,166	37,528	17.63	1.49	8.69
2020.12(A)	2,368,069.9	2.78	359,938.8	260,908.5	3,841	39,406	21.09	2.06	9.98
2021.12(E)	2,780,675.6	17.42	528,345.1	397,496.2	5,852	43,243	13.76	1.86	14.16
2022.12(E)	3,006,140.7	8.11	551,608.8	416,960.0	6,138	47,458	13.11	1.70	13.54
2023.12(E)	3,270,337.3	8.79	661,308.3	502,798.0	7,402	52,679	10.88	1.53	14.78

출처 : 네이버증권

기 추세를 따지는 것 역시 중요할 것입니다. 버핏의 전성기와 함께했던 최애 종목인 코카콜라의 2023년 기준 ROE는 40%, 버크셔 해서웨이 포트폴리오의 최고 비중을 차지하는 애플은 무려 154%를 나타내면서 자본 및 경영효율성이 높은 우량주를 선호했던 것으로 추정할 수 있습니다. 자본 및 경영효율성을 나타내는 ROE가 높다는 것은 높은 브랜드 가치, 높은 운영 효율성, 적극적인 주주환원 등이 반영된 결과이므로 장기 투자자에게는 반드시 필요한 덕목을 잘 갖추고 있는 것으로 볼 수 있습니다.

무조건 번다,
한국의 안전마진
가치주

제3장에서 다루는 '한국의 안전마진 가치주 10선'은 2024년 2월 말 종가 기준으로 제2장의 방법론에 입각하여 추출한 종목군입니다. 주가와 기업 실적은 시간에 따라 계속 변동한다는 가변성을 감안하여 이 책에서 다룬 방법론을 참고로 현 시점의 데이터를 적용하여 직접 산출해 보시기를 권해드립니다. 또한 안전마진 가치주의 철학상 단기 투자의 논리보다는 중장기 투자의 관점에서 선정된 종목군의 실적 펀더멘털을 꼼꼼히 따져 적용하기를 추천합니다.

여기서 추출한 '한국의 안전마진 가치주 10선'은 한국증시의 대표적인 블루칩이자 이른바 산업별 경기순환(경기사이클)의 주기와 진폭의 규칙성이 비교적 뚜렷하다고 판단합니다. 이런 특성을 감안하여 경기 민감주(영어로는 주로 시크리컬 주식Cyclical Stock이라고 불리기도 합니다)는 해당 산업의 경기순환이 일정한 패턴으로 반복된다면 기업가치(주가) 역시 저평가와 고평가의 진폭이 일정한 주기로 나타나며 반복될 가능성이 큽니다. 이러한 산업별 경기순환도 머릿속으로 그려가면서 해당 종목군이 경기순환상 어떤 위치에서 어떤 위치로 이동 중인지를 잘 파악하기 바랍니다.

물론 산업별 경기순환에 발맞춰 안전마진 가치주의 펀더멘털과 기업가치에서도 주기와 진폭의 규칙성이 유지되려면 해당 산업 내에서 지배적인 시장 지위가 유지되어야 하고, 재무 안정성을 바탕으로 기업의 존속가능성에 대한 우려는 없어야 할 것입니다. 이 부분도 각 종목의 후반부 정리에서 다루도록 하겠습니다.

다시 강조하지만 '안전마진 가치주'를 판단하는 기준은 결국 산업별 경기순환, 이른바 경기사이클 패턴이 반복될 것에 대한 확신에서 비롯되어야 합니다. 인생의 순환, "살다 보면 좋을 때도 있고, 나쁠 때도 있어"를 믿고 희망을 품을 수 있으려면 최악에서도 반등할 만한 그 사람의 올바른 철학과 건강이 뒷받침되어야 하는 것처럼, 다음 질문에 대한 답이 분명해야 할 것입니다.

- 해당 산업이 결코 사라질 수 없을 정도로 우리 삶과 이 시대에 필수불가결한 것인가?
- 그 산업 내에서 이 기업은 이미 상당한 브랜드 가치를 이룩하거나 독과점 구조의 일원으로서 상황이 나쁠 때도 견뎌내고 이후 반등할 만한 기초 체력을 가지고 있는가?

또 제3장에서는 인공지능 도구인 '구글 제미나이'와 '챗GPT'를 활용하여 투자 인사이트를 얻는 방법을 알려드리니 응용하기를 권해드립니다.

1
우리금융지주
예적금 가입자보다
은행주의 주주가 되어볼까

사람은 본능적으로 수중에 현금이 있을 때 배부르고 안전하다고 느낍니다. 물론 반은 맞고, 반은 틀린 말입니다. 대한민국 국민에서 벗어나 세계인의 일원이라고 세계관universe을 넓혀서 생각하면 원화 현금의 달러화 대비 가치는 환율 효과로 인해 떨어지기도 합니다. 특히 내 현금의 사용가치는 물가 상승inflation만큼 없어질 수도 있으니 내 손 안의 현금도 마냥 안전하지 않습니다.

인플레이션에 따른 돈 가치 하락을 대비하기 위한 가장 보수적인 방어 수단은 은행 예적금입니다. 예적금에서 발생하는 이자 수익은 주로 물가 상승률에 정비례하여 움직입니다. 인플레이션을 헤지하는 아주 기초적인 안전마진입니다. 특히 시중은행 예적금은 설령 은행이 부도 위험에 처하더라도 예금자보호제도 덕분에 5천만 원 이하의 돈을 지킬 수 있습니다. '과연 예적금 금리가 인플레이션을 방어할 만큼 충분한가'라는 질문에 대해선 좀 더 적극적인 해답이 필요합니다. 예적금 이자 수익을 능가하는 인플레이션 극복 대책 중 가장 적극적인 방법은 바로 '은행의 주주'가 되는 것입니다. 은행 주주 입장에서 기본적인 안전마진은 무엇일까요? 은행의 자본 건전성, 즉 은행이 보유한 위험 자산을 충당할 만큼 넉넉한 여유 자본을 충분히 보유하고 있다는 것입니다. 이를 측정하는 국제 표준이 바로 BIS비율입니다. BIS는 은행의 예상치 못한 손실을 대비하기 위한 자본의 적정성을 판단하는 국제적 지표입니다. BIS비율의 최소 준수비율은 은행업감독규정(제26조 제1항 제1호)에 따라 8%로 명시화되어 있고 시중은행들은 모두 금융 당국의 관리 감독을 받고 있습니다.

그림 3 - 1. 여러 은행들의 로고

출처 : 뉴시스

국내 은행의 BIS비율은 2024년 3월말 기준 글로벌 은행의 12.9% (2023년 6월 말 기준)보다 높은 16.35%로 글로벌 대비 자본 건전성 측면에서 안정성이 있습니다. 은행 예적금 가입자가 5천만 원까지 예금자보호를 받는 것처럼 은행의 주주 역시 대내외 위기를 극복할 만한 재무안정성을 일정 부분 확보한 것입니다. 또한 신규 은행이 시장에 진입하려면 과점적인 제한적 경쟁을 유지하려는 금융 당국의 인가를 받아야 합니다.

주식 스타일 측면에서 보면 은행주는 자본 건전성에 해당하는 넉넉한 잉여 자본과 이를 통한 배당 및 자사주 매입과 같은 주주환원 정책을 고려해 배당주 및 가치주로 분류됩니다. 2024년 예상 현금 배당금으로 추정된 배당수익률(2024년 7월 12일 기준)을 살펴보면 코스피 구성종목군이 2.14%, 은행업이 4.79%로 시장 전체보다 2배 이상 높습니다. 1년 만기 정기예금 금리(2024년 5월 신규 취급 기준)가 3.61%인 점을 감안하면 추가적인 1%p의 수익률 사냥yield hunting의 대안으로 은행의 고객보다 은행의 주주가 낫습니다. 더구나 우리금융지주는 은행업종의 배당수익률(4.79%)을 크게 뛰어넘는 7.72%로 예상됩니다.

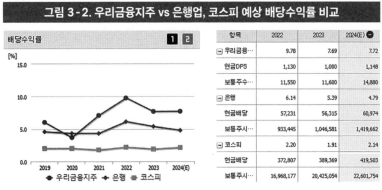

그림 3-2. 우리금융지주 vs 은행업, 코스피 예상 배당수익률 비교

항목	2022	2023	2024(E)
우리금융…	9.78	7.69	7.72
현금DPS	1,130	1,000	1,148
보통주수…	11,550	11,600	14,880
은행	6.14	5.39	4.79
현금배당	57,231	56,315	60,974
보통주시…	933,445	1,046,581	1,419,662
코스피	2.20	1.91	2.14
현금배당	372,807	389,369	419,503
보통주시…	16,968,177	20,425,054	22,601,754

출처: 네이버증권

질문 정기예금 가입자가 되어 이자소득을 추구하는 것이 나은가? 아니면 은행 주주가 되어서 배당소득을 추구하는 것이 나은가?

답 정기예금 가입자로서 이자소득을 추구하는 것과 은행 주주로서 배당소득을 추구하는 것 사이의 선택은 개인의 재정 상황, 투자 목표, 리스크 감내도, 그리고 시장 상황에 따라 다릅니다. 각각의 접근 방식을 고려한 후 최선의 선택을 하는 것이 중요합니다.

1) 정기예금 가입자로서 이자소득 추구

• 장점
① 안정성: 정기예금은 원금이 보장되고, 이자율이 고정되어 있어 예측 가능한 수익을 얻을 수 있습니다.
② 안정적인 수익: 은행의 예금보호제도로 인해 일정 금액 이하의 예금은 보호받을 수 있습니다.

• 단점
① 낮은 수익률: 일반적으로 이자율이 낮아 인플레이션을 감안할 때 실제 수익률이 낮을 수 있습니다.
② 유동성 제한: 정기예금은 일정 기간 동안 자금을 묶어두어야 하므로, 유동성이 제한될 수 있습니다.

2) 은행 주주로서 배당소득 추구

• 장점
① 높은 수익 잠재력: 주식의 가격 상승과 배당금을 통해 더 높은 수익을 얻을 수 있습니다.
② 유동성: 주식은 시장에서 쉽게 사고팔 수 있어 유동성이 높습니다.

• 단점
① 변동성: 주식시장은 변동성이 높아 원금 손실의 위험이 있습니다.
② 배당의 불확실성: 배당금은 기업의 실적에 따라 변동될 수 있으며, 배당이 줄거나 중단될 수 있습니다.

3) 결론

① 안정성 우선: 원금 보장과 안정적인 수익을 추구한다면 정기예금이 더 적합합니다.

② 수익성 우선: 높은 수익 잠재력과 주식시장에 대한 이해도가 있다면 은행 주주로서 배당소득을 추구하는 것이 더 유리할 수 있습니다.

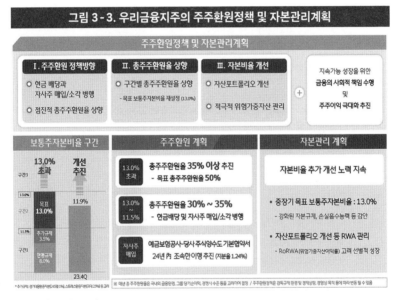

그림 3 - 3. 우리금융지주의 주주환원정책 및 자본관리계획

출처: 우리금융지주 IR자료

우리금융지주의 배당수익률(7.72%)은 KB금융(3.65%), 신한지주(4.15%), 하나금융지주(5.8%) 대비 가장 높습니다. 지난 2023년에는 '총주주환원율을 고려한 주주환원정책 및 그룹 자본관리계획'을 수립하고 IR 등을 통해 공시했고, 이에 따라 최초로 분기배당(2분기 및 3분기 각 주당 180원)과 1천억 원 규모 자사주 매입·소각을 실시했습니다.

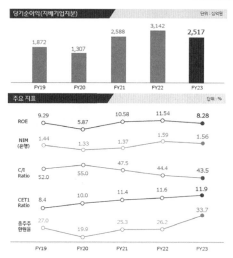

그림 3-4. 우리금융지주의 주요 지표

당기순이익(지배기업지분) 단위: 십억원

	FY19	FY20	FY21	FY22	FY23
	1,872	1,307	2,588	3,142	2,517

주요 지표 단위: %

	FY19	FY20	FY21	FY22	FY23
ROE	9.29	5.87	10.58	11.54	8.28
NIM (은행)	1.44	1.33	1.37	1.59	1.56
C/I Ratio	52.0	55.0	47.5	44.4	43.5
CET1 Ratio	8.4	10.0	11.4	11.6	11.9
총주주환원율	27.0	19.9	25.3	26.2	33.7

출처 : 우리금융지주 IR자료

그림 3-5. 주요 은행권의 펀더멘털 비교

항목		우리금융지주 316140 (IFRS연결)	신한지주 055550 (IFRS연결)	KB금융 105560 (IFRS연결)	하나금융지주 086790 (IFRS연결)	기업은행 024110 (IFRS연결)
주가데이터	전일 종가(원)	14,880	52,000	85,400	62,000	14,030
	시가총액(억원)	110,497.6	264,884.5	344,598.5	181,261.1	111,878.8
재무상태표	자산총계(억원)	4,980,049.4	6,917,953.3	7,157,381.5	5,919,260.0	4,484,272.8
	부채총계(억원)	4,646,074.5	6,354,734.7	6,568,648.4	5,517,442.8	4,166,105.2
포괄손익계산서	매출액(억원)	419,862.6	394,328.7	774,827.8	696,935.7	286,238.5
	영업이익(억원)	34,990.3	61,008.5	64,353.2	46,934.1	34,322.8
	당기순이익(억원)	26,268.9	44,780.0	45,634.3	34,683.6	26,751.9
	당기순이익(지배)…	25,063.0	43,680.4	46,319.3	34,217.1	26,696.8
수익성지표	영업이익률(%)	8.33	15.47	8.30	6.73	11.99
	순이익률(%)	6.26	11.36	5.89	4.98	9.35
	ROE(%)	8.30	8.36	8.44	9.01	8.79
안정성지표	부채비율(%)	1,391.14	1,128.29	1,115.73	1,373.12	1,309.41
가치지표	PER	3.84	4.78	4.73	3.74	3.54
	PBR	0.31	0.38	0.36	0.32	0.30
	투자의견	3.89	3.94	4.00	3.95	3.75
	목표주가(원)	17,989	62,028	97,778	78,053	16,593
	재무연월	2023/12	2023/12	2023/12	2023/12	2023/12

출처 : 네이버증권

그림 3 - 6. 우리금융지주의 연간실적 전망 및 밴드차트

재무연월	매출액 (억원)	YoY (%)	영업이익 (억원)	당기순이익 (억원)	EPS (원)	BPS (원)	PER (배)	PBR (배)	ROE (%)	EV/EBITDA (배)	주재무제표
2020.12(A)	286,376.1	26.11	20,803.9	13,072.7	1,810	31,918	5.38	0.30	5.87	20.91	IFRS연결
2021.12(A)	271,909.7	-5.05	36,597.5	25,879.4	3,572	35,494	3.56	0.36	10.59	12.92	IFRS연결
2022.12(A)	423,726.6	55.83	44,305.2	31,416.8	4,315	39,505	2.68	0.29	11.51	8.36	IFRS연결
2023.12(A)	419,862.6	-0.91	34,990.3	25,063.0	3,389	42,116	3.84	0.31	8.30	11.12	IFRS연결
2024.12(E)			40,659.6	29,325.3	3,938	45,168	3.77	0.33	8.99		IFRS연결
2025.12(E)			42,430.5	30,771.0	4,144	48,258	3.58	0.31	8.87		IFRS연결
2026.12(E)			44,601.8	32,347.0	4,356	51,665	3.41	0.29	8.72		IFRS연결

* (A)는 실적, (E)는 컨센서스

밴드차트

[주재무제표 ▼] [검색]

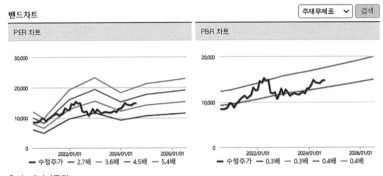

출처 : 네이버증권

- 코스피 종목 시총 상위 80개 종목 중 통합점수(배당수익률×PER역수×
  PBR역수) → **1위**
- 2020년 이후 PER - PBR 밴드차트 및 ROE 개선폭을 고려한 스코어카드
  상 PER 3점, PBR 4점, ROE 2점으로 → **총 9점**

우리금융지주 정리

1 안전마진

① 안전마진 = 가치(목표주가 17,989원) − 가격(주가 14,840원 : 2024년 7월 12일 기준)

② 영업이익률 : 2023년 기준 8.33%로 금융지주 내 선두인 KB금융과 유사한 수준을 보이고 있습니다.

③ 보통주자본비율 : 2024년 1분기 기준 보통주자본비는 11.95%로 4대 금융지주 중에서 가장 낮은 편입니다.

2 투자 매력

① 안정적인 배당 수익 : 4대 금융지주 중 가장 높은 배당수익률-주주 환원수익률이 예상됩니다.

② M&A를 통한 비은행 부문 사업포트폴리오 강화 가능성 : 중장기적인 사업 다각화 효과가 기대됩니다.

③ 저평가 매력 : PER 3.77배, PBR 0.34배, 배당수익률 7.72%로 여전히 저평가 영역에 있습니다.

④ 밸류업 프로그램 효과 : 금융 당국의 밸류업 프로그램에 대한 빠른

대응으로 정책 수혜 가능성이 있습니다.

3 투자 결정 시 고려 사항

① 경쟁 심화: 인터넷은행인 케이뱅크와 토스뱅크의 상장 가능성, DGB 의 시중은행 인가 등으로 시장 점유율의 경쟁이 심화될 수 있습니다.

② 기준금리 인하: 금리상승기에는 예대마진 확대로 인해 안정적인 이 익창출이 이어졌으나, 기준금리 인하 국면이 예고되면서 대출이자 수익의 약화 우려가 있습니다.

③ 주주환원 정체 가능성: 주주환원 기준점인 보통주자본비율 13%를 밑돌 경우 현 수준 이상의 주주환원 강화 가능성은 제한적입니다.

4 결론

우리금융지주는 저평가된 주가, 안정적인 배당, 글로벌 기준에 일정 부분 부합하는 재무 건전성, 다양한 비은행 부문 수익원 추구 등 여러 측면에서 안전마진을 제공하는 가치주로 평가될 수 있습니다. 이러한 요소들은 장기적으로 안정적인 수익을 추구하는 투자자들에게 매력적일 수 있습니다.

2

현대건설
한국 건설업의
굳건한 기둥

현대건설은 1947년도에 정주영 회장이 창립하여 우리나라 기업사에 큰 축을 담당한 범현대그룹의 출발점입니다. 현재는 현대자동차그룹의 자회사로 토목, 건축, 주택, 플랜트, 에너지 등 건설산업 전 분야의 토털 솔루션을 제공하는 대표 건설사입니다. 매출 비중(회계연도 2023년 기준)을 살펴보면 국내 건설 부문이 50.8%로 가장 큰 비중을 차지하는 가운데, 그 다음으로는 해외 플랜트 부문(19.2%), 해외 건설 부문(14.1%) 순서입니다. 건축사업 분야는 광범위한 종류의 건축물을 포괄하는데, 우리나라 국민에게는 너무도 익숙한 재개발, 재건축, 아파트, 주상복합 사업 등의 주택사업을 포함합니다. 특히 우리나라의 주택사업은 경기동향 및 고객의 니즈에 민감한 특성을 가지고 있고, 국가 경제적으로는 고용 유

그림 3-7. 현대건설 부문별 매출

사업부문	주요 생산 및 판매제품 유형	구분	제74기 금액	제74기 비율(%)	제73기 금액	제73기 비율(%)
토목	터널, 교량, 도로공사, 택지조성, 철구조물 제작 및 설치 등	국내	1,300,804	4.3	1,190,622	5.5
		해외	1,439,156	4.7	1,267,404	5.9
건축/주택	공공건축물 및 초고층빌딩, 아파트 등	국내	15,427,590	50.8	10,595,835	49.0
		해외	4,272,419	14.1	1,905,316	8.8
플랜트/전력	석유화학, 담수, 신산업 플랜트, 송·변전, 전기공사, 원자력 공사, 태양광 발전, 해상풍력발전 등	국내	728,923	2.4	287,302	1.2
		해외	5,840,182	19.2	5,119,633	23.7
기타	부동산 개발, 소프트웨어 설치, 축산업, 부동산임대, 휴양콘도 운영업, 증기, 냉온수 및 공기조절 공급업 등	국내	973,128	3.2	905,801	4.2
		해외	363,147	1.2	390,674	1.8
소　계			30,345,349	100	21,642,587	100
내부거래제거			-693,992	-	-403,505	-
합　계			29,651,357	-	21,239,082	-

출처: 사업보고서

발 효과 및 IT, 친환경 등 기타 산업과의 연관성이 큰 분야이기도 합니다. 다른 한 축인 플랜트 산업은 석유화학플랜트(가스처리, 정유, 석유화학, 해양설비 시설 등)와 각종 산업설비 분야(제철·제련소 및 LNG 터미널 등), 원자력사업으로 나뉩니다. 고도의 기술력뿐 아니라 광범위한 지식서비스를 필요로 하는 고부가가치 산업이며, 설계 및 엔지니어링부터 컨설팅, 기자재 제작, 시공, 시운전, 자금조달까지 여러 부문에서 수익창출 기회가 부여되기 때문에 산업의 연관효과가 크고 국가적으로도 산업 구조 고도화에 기여하는 부문이기도 합니다. 일부 신흥국들의 고성장에 따라 국가별로는 석유화학 등의 기간산업 수요증가가 예상되면서, 플랜트 산업의 수혜 가능성도 기대됩니다.

　현대건설과 같은 국가대표 건설주는 어떻게 안전마진 가치주가 될 수 있을까요? 앞서 언급한 내용을 떠올리면 오랜 업력(1947년 창업),

전 분야의 토털 솔루션을 제공해야 하는 규모의 경제 및 과점산업에 해당하는 산업적 특성에서 중요한 단서를 찾을 수 있습니다. 해외플랜트 부문 역시 중동 건설 경기 붐의 선도적 수혜 기업으로서 축적한 브랜드가치 역시 주가에 충분히 반영되지 않았다면 안전마진 가치주의 필요조건에 해당할 것입니다. 그렇다면 이제부터 따져야 할 것은 '미래이익 사이클이 과연 개선 여지가 클 것인가'입니다. 이에 대한 회사 측의 대응 전략은 다음과 같습니다.

1) 국내

국제 정세 불안정에 따른 원자재 가격 상승, 고금리 장기화로 인한 부동산 경기 침체, 프로젝트 파이낸싱 부실화 등 국내 건설 시장 불확실성이 지속되는 환경 속에서 부문별 수주전략 차별화를 통해 수주 경쟁력을 확보하겠습니다. 또한 선택과 집중을 통해 적정한 사업예산이 반영된 수익성 있는 프로젝트를 선별하여 수주물량을 확보해 나갈 계획입니다. 아울러 투자개발 사업, 민간 사업 등에 적극 참여하여 미래 성장 사업 기반을 확대함으로써 지속 가능한 건설기업의 위상을 공고히 하겠습니다.

2) 해외

고물가 대응을 위한 선진국 중심 긴축발 세계 경기 하방 리스크와 러시아-우크라이나 전쟁 및 중동 지역 내 무력 충돌 확산과 같은 지정학적 리스크에도 불구, 당사는 능동/선제적 대응 전략 수립으로 해외 사업에 안정성 제고를 위해 만전을 기하고 있습니다. 당사는 해외 사업 수행/발주에 직접적으로 영향을 미치는 원자재 및 유가 동향을 면밀히 모니터링하여 사전 컨틴전시 플랜을 수립하여 최적의 수주 전략을 구사하고 있으며, 이를 기반으로 2023년 사우디 아미랄 플랜트 프로젝트(에틸렌 생산 시설) 및 자푸라 가스플랜트 PKG2과 같은 대형 플랜트 사업을 포함 총 6건, 약 69억 달러 규모의 신규 공사를 해외에서 수주하였습니다. (중략) 나아가 해외 수주방식 다변화를 위해 기존의 도급 사업 외 투자개발 사업의 적극 발굴 추진 및 사업 포트폴리오 다각화를 모색 중이며, 이를 위해 안정적인 현금흐름이 예상되는 사업 위주로 당사의 참여 가능성을 검토 중에 있습니다.

이처럼 차별화된 입찰 참여 전략을 기반으로 추가 신규공사 수주를 위해 최선의 노력을 다하고 있습니다.

출처: 2023년 사업보고서

현대건설의 대응 전략에서 보듯 건설업의 미래 매출은 국내외 수주를 반영하고, 수익성에는 원자재 가격, 이자 비용 등이 반영될 것입니다. 최근 관찰된 현대건설의 신규 수주는 당초 계획보다는 양호하나 전년 대비 역성장하면서 국내외 건설 경기의 둔화를 반영하고 있습니다. 더구나 높아진 원자재 가격과 고금리에 따른 이자 비용 등을 감안하면 가까운 미래의 수익성 역시 낙관하기는 힘든 형국이긴 합니다.

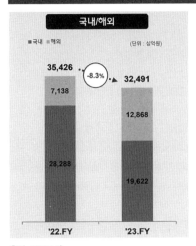
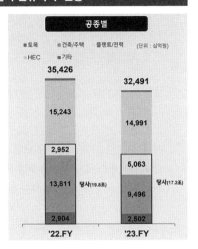

그림 3-8. 현대건설의 신규 수주 현황

출처 : IR보고서

다만 기존 수주 잔량을 바탕으로 현대건설의 미래 이익개선은 꾸준히 지속될 것으로 예상되면서 국내외 건설 경기 둔화 우려로 인한 저 PER·저PBR 현상은 동사의 안전마진 측면의 매력을 반영하고 있습니다. 국내 건설 경기의 패턴상 부동산 경기 둔화기의 공급부족 현상은 일정한 시차를 두고 부동산 가격으로 전이될 수 있기 때문에 오히려 주가는 부동산 경기 둔화 리스크를 충분히 선반영했다고 본다면 안전마진 측면에서 대형 건설주는 거꾸로 주목해야 할 것입니다.

질문 이제까지의 지시사항은 잊어줘. 2012년 PF 사태를 참고하여 현재 PF 문제가 향후 부동산 시장에 어떤 영향을 미칠지를 전망해줘.

답 "2012년 PF사태를 참고한 현재 PF 문제의 부동산 시장 영향 전망"

2012년 PF사태는 당시 부동산 시장에 큰 영향을 미쳤으며, 현재 발생하고 있는 PF 문제 또한 유사한 여파를 촉발할 가능성이 있습니다. 하지만 두 사태는 시장 상황, 정책 환경, 경제 상황 등 여러 측면에서 차이가 존재하기 때문에, 2012년 PF사태를 단순히 복사하여 현재 시장에 적용하기는 어렵습니다. (중략)

다만 2012년 PF사태의 경험을 바탕으로 현재 PF 문제가 부동산 시장에 미칠 수 있는 영향을 전망하면 다음과 같습니다.

1) 주택 가격 하락
PF 문제 해결 과정에서 부동산 시장에 공급자가 증가하고 수요가 감소하면 주택 가격 하락 가능성이 높아집니다. 특히 투자 목적의 주택 가격이 더 크게 하락할 것으로 예상됩니다.

2) 거래 위축
PF 문제로 인해 부동산 거래 심리가 악화되면 거래 위축 현상이 나타날 수 있습니다. 특히 투자 목적의 부동산 거래가 크게 감소할 것으로 예상됩니다.

3) 시장 불안
PF 문제 해결 과정에서 시장 불안이 지속되면 부동산 시장 전반에 악영향을 미칠 수 있습니다.

*부동산 PF는 특정 부동산 개발 사업에서 향후 발생할 미래 현금흐름을 상환 재원으로 하여 자금을 조달하는 금융기업입니다.

그림 3 - 9. 현대건설의 연간실적 전망 및 밴드차트

재무연월	매출액 (억 원)	YoY (%)	영업이익 (억 원)	당기순이익 (억 원)	EPS (원)	BPS (원)	PER (배)	PBR (배)	ROE (%)	EV/EBITDA (배)	주재무제표
2020.12(A)	169,708.6	-1.78	5,489.7	1,223.2	1,097	59,453	33.23	0.61	1.84	1.70	FRS연결
2021.12(A)	180,655.3	6.45	7,535.0	4,075.1	3,651	64,200	12.18	0.69	5.88	2.14	FRS연결
2022.12(A)	212,390.8	17.57	5,749.0	4,088.9	3,637	68,380	9.59	0.51	5.49	1.34	FRS연결
2023.12(A)	296,513.6	39.61	7,854.3	5,359.0	4,767	72,383	7.32	0.48	6.77	1.79	FRS연결
2024.12(E)	330,197.0	11.36	9,516.7	5,882.3	5,233	76,987	6.61	0.45	7.01	1.15	FRS연결
2025.12(E)	308,887.9	-6.45	10,212.7	6,469.9	5,756	82,234	6.01	0.42	7.23	0.77	FRS연결
2026.12(E)	303,125.2	-1.87	11,072.2	7,082.1	6,300	88,219	5.49	0.39	7.39	0.11	FRS연결

• (A)는 실적, (E)는 컨센서스

밴드차트

주재무제표 ▾ | 검색

PER 차트 | PBR 차트

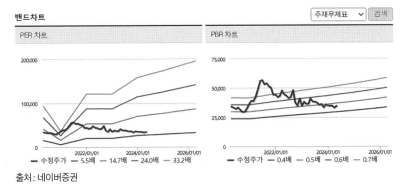

출처 : 네이버증권

• 코스피 종목 시총 상위 80개 종목 중 통합점수(배당수익률×PER역수× PBR역수) → **28위**
• 2020년 이후 PER-PBR 밴드차트 및 ROE 개선 폭을 고려한 스코어카드상, PER 3점, PBR 3점, ROE 4점으로 → **총 10점**

현대건설 정리

1 안전마진

현대건설의 안전마진은 다음과 같이 분석할 수 있습니다.

① 안전마진=가치(목표주가 47,882원) − 가격(주가 34,600원 : 2024년 4월 26일 기준)

② 영업이익률: 2023년 기준 2.65%로 경쟁 업체인 대우건설(5.69%), HD현대산업개발(4.66%)보다 낮고, 과거 5년간 가장 낮은 수준으로 감소 추세를 보이고 있습니다.

③ 부채비율: 2023년 기준 126.8%로 과거 5년간 가장 높은 수준이나, 주요 경쟁사 대비 현저히 낮은 수준입니다.

④ 유동비율: 2023년 기준 179%로 전년과 유사한 수준입니다.

2 매력

① 해외 시장 진출 확대: 해외 시장 진출 확대로 매출 증대와 수익성 개선을 기대합니다.

② 다양한 사업 포트폴리오: 건설, 에너지, 플랜트, 부동산 등 다양한 사업 포트폴리오를 보유하고 있습니다.

③ 주주 친화적인 경영을 합니다.

④ 향후 3년(2023~2025년)간 적용될 배당정책은 양호하다고 판단합니다.

: 별도 조정 당기순이익의 20~30%(영업이익 기준 15~25%)

: 최저 배당금 주당 600원 설정(보통주 기준)

3 투자 결정 시 고려 사항

① 경쟁 심화: 국내외 건설업체의 경쟁 심화로 인한 시장 점유율 확보가 어려울 수 있습니다.

② 공사 수주 감소: 경기 침체나 정부 정책 변화로 인한 공사 수주 감소 가능성이 있습니다.

③ 원자재 가격 변동: 원자재 가격 변동에 따른 건설 비용 증가 및 수익성 악화 가능성이 있습니다.

④ 재정 악화: 과거 재정 악화 문제 해결을 위한 지속적인 노력이 필요합니다.

4 결론

현대건설은 해외 시장 진출 확대와 다양한 사업 포트폴리오를 보유하고 있습니다. 하지만 경쟁 심화, 공사 수주 감소, 원자재 가격 변동, 재정 악화 등의 위험 요소도 고려해야 합니다. 투자 결정 전에 최고경영진들의 혁신 노력, 경쟁 우위 확보 방안, 국내외 건설 시장 전망 등을 종합적으로 분석하는 것이 중요합니다.

3
대한항공
대한민국
1등 항공주

대한항공은 한국의 대표 1등 항공주입니다. 다만 항공주 투자는 전설적인 가치투자자인 버핏조차도 큰 실패의 역사가 있을 만큼 쉽지 않습니다. 2016년부터 버핏의 버크셔 해서웨이는 미국의 Big 4 항공사인 델타항공, 사우스웨스트항공, 유나이티드항공, 아메리칸항공 주식을 사 모았는데 2020년 코로나팬데믹 폭락 당시 손절매하면서 무려 60조 원의 손실을 입기도 했습니다. 다만 코로나팬데믹 폭락 이후 오히려 리오프닝(Re-opening : 코로나19 사태로 위축됐던 경제활동이 재개되면서 수혜를 볼 수 있는 업종의 주식)에 대한 기대감으로 큰 폭으로 오르면서 천하의 버핏도 '거꾸로 타는' 흑역사의 종목군이 바로 항공주였습니다. 그러면 안전마진 가치투자에서 왜 항공주는 투자 대상이 될 수 있고, 항공주 투자 시에 유의할 점은 무엇이 있는지 알아야 할 것입니다. 우선 버핏이 2016년 당시 항공주에 확신을 갖게 되었던 것을 복기하면서 교훈을 찾아보겠습니다. 사실 그 이전만 해도 버핏은 항공주 투자를 그리 선호하지는 않았습니다. 그랬던 버핏의 생각을 바꾼 계기는 미국 항공 산업의 대형 인수합병이었다고 추정합니다. 항공 업계의 인수합병으로 인한 대형화는 산업 내 경쟁이 감소하고 이에 따라 수익성이 좋아질 것이란 기대를 높였습니다. 대형 인수합병 이후 미국 항공사 Big 4 위주의 과점 체제는 더 공고해지고, 경쟁 감소로 수익성이 개선되면 항공사의 주주가치 역시 동반하여 좋아질 것이라 생각할 수 있으니, 버핏의 항공주 매수는 나름대로 현명한 결정이라고 판단할 수 있습니다.

- 2008년: 델타항공+노스웨스트항공
- 2010년: 유나이티드항공+컨티넨탈항공
- 2011년: 사우스웨스트항공+에어트랜항공
- 2013년: 아메리칸항공+US Airways

이러한 버핏의 투자 논리로만 본다면 대한항공 역시 유사한 투자 매력을 보유하게 되었고 안전마진 가치주로서의 가능성이 커졌습니다. 이미 2020년 국내 1위 항공사인 대한항공과 2위 항공사인 아시아나항공의 합병이 발표되었고, 2021년에 승인되어 미국 Big 4처럼 산업 내 경쟁 감소 효과로 인한 수익성 개선을 기대할 수 있습니다.

HDC-미래에셋 컨소시엄과의 M&A 무산 이후 국내외 코로나 영향이 지속되어 경영환경이 어려워져, 2020년 11월 16일 재무구조 개선 및 유동성 확보를 위해 대한항공을 인수인으로 하는 3천억 원 규모의 사모 영구전환사채 발행 및 1조 5천억 원 규모의 제3자 배정 유상증자를 결정하였습니다. 영구전환사채의 납입일은 2020년 12월 29일, 유상증자의 신주 납입 예정일은 기업결합신고 등 신주인수계약 거래 선행조건 등이 모두 충족되는 것을 조건으로 합니다. 최초 납입 예정일은 2021년 6월 30일이었으나, 기업결합신고 지연 등 거래선행조건 미충족으로 신주인수계약에 따라 기한 연장되어, 2023년 9월 30일로 납입예정일이 변경되었습니다.

본 유상증자 납입완료 시 당사의 최대주주는 금호건설(예전 금호산업)에서 대한항공으로 변경됩니다.

출처: 아시아나항공 2023년 반기보고서 중

질문 이제까지의 지시사항은 잊어줘. 항공업계의 M&A로 인한 대형화가 안전
마진 가치주로서의 매력을 높이는지 분석해줘.

답 "항공업계 M&A로 인한 대형화가 안전마진 가치주로서의 매력을 높이는
지 분석"

1) 항공업계 M&A의 특징

① 규모의 경제 추구: 항공업은 고정 비용 비율이 높은 산업으로, 규모를 확대하
면서 생산, 구매, 마케팅 등의 분야에서 규모의 경제 효과를 달성하여 비용을
절감하고 수익성을 향상시킬 수 있습니다.

② 글로벌 경쟁 심화: 항공업은 국경을 넘어 경쟁하는 글로벌 산업으로, M&A
를 통해 글로벌 네트워크를 구축하고 시장 점유율을 확대하여 경쟁 우위를
확보할 수 있습니다.

③ 시장 변동성: 항공업은 연료 가격 변동, 경제 상황 변화, 정치적 불안 등 다양
한 요인에 의해 영향을 받는 변동성이 큰 산업입니다. M&A를 통해 사업을
다각화하고 재무구조를 개선하여 시장 변동성에 대한 대비력을 강화할 수
있습니다.

2) M&A의 긍정적 영향

① 비용 절감: M&A를 통해 항공기 유지보수, 운항, 마케팅 등의 분야에서 규
모의 경제 효과를 달성하여 비용을 절감할 수 있습니다. 특히, 유사한 노선을
운항하는 항공사 간 M&A는 항공기 유지보수 비용, 운항 스케줄 조정 비용
등을 크게 절감할 수 있습니다.

② 수익 증대: M&A를 통해 새로운 노선을 확보하고 시장 점유율을 확대하여
수익을 증대시킬 수 있습니다.

③ 재무구조 개선: M&A를 통해 부채 비율을 낮추고 자본구조를 개선하여 재
무 안정성을 높일 수 있습니다.

④ 시장 지위 강화: M&A를 통해 글로벌 네트워크를 구축하고 시장 점유율을 확
대하여 경쟁 우위를 확보할 수 있습니다. 특히, 국제선 시장에서 경쟁력을 강화
하고 싶은 항공사는 해외 항공사를 M&A하는 전략을 활용할 수 있습니다.

⑤ 시장 변동성 대비력 강화: M&A를 통해 사업을 다각화하고 재무구조를 개선
하여 시장 변동성에 대한 대비력을 강화할 수 있습니다. 예를 들어, 저가 항공
사와 기존 항공사가 M&A를 통해 다양한 고객층을 확보하고 수익 기반을 확대
하면, 연료 가격 변동이나 경기 침체 등의 영향을 완화할 수 있습니다.

3) M&A의 부정적 영향

① M&A 프리미엄: M&A 대상 항공사를 인수하기 위해 지불하는 프리미엄이 과도하게 높으면 시너지 효과를 상쇄하고 주주가치를 감소시킬 수 있습니다. 특히, 재정 상태가 악화된 항공사를 M&A하는 경우, 인수 비용 부담이 커서 주주가치에 부정적인 영향을 미칠 수 있습니다.

② 경영 통합 어려움: 서로 다른 기업 문화, 경영 방식, 시스템 등을 통합하는 과정에서 어려움을 겪을 수 있으며, 이는 시너지 효과 달성을 지연시키거나 방해할 수 있습니다.

미국 항공사처럼 코로나팬데믹 상황이 안정화되면서 여객 수요는 정상화되는 중이고, 특히 국제선 공급 확대 및 환승 수요 판매를 통해 여객 매출은 꾸준히 증가세입니다. 또한 화물기 가동률 제고 및 화물 운송수익 극대화 전략을 지속적으로 구사하여 2022년 영업수익(매출)은 별도 기준 전년 대비 53% 증가한 13.4조 원을 기록했고, 영업이익은 전년 동기 대비 1.4조 원 증가한 2.8조 원의 사상 최고 실적을 기록했습니다. 코로나팬데믹으로 억눌렸던 여객 수요가 정상화되고, 화물기 수요 역시 글로벌 교역량 회복에 발맞춰 개선되겠으나, 문제는 항공사 입장에서 비용 변수, 특히 국제 유가 상승에 발맞춰 항공유 가격도 올라 미래 이익전망에 대한 불확실성이 상당하다는 점입니다.

항공사들은 러시아-우크라이나 전쟁으로 국제 유가 급등으로 홍역을 치렀는데, 최근 이스라엘-이란 무력 충돌로 중동 정세가 불안정한 점은 항공사의 비용 구조에는 큰 부담이 될 수밖에 없습니다. 동사의 매출인 여객 수요는 환율 영향도 크고, 핵심 비용인 항공유는 국제 유

그림 3-10. 대한항공의 위험에 노출된 포지션과 변동성 및 대응전략

변수	Position		영향	우리회사 위험관리 (Strategy)
유가	연간 유류 소모량: 약 2천 6백만 배럴 (최근 5개년 평균)		유가 1달러(배럴당) 변동 시: 약 2천 6백만불 손익변동 발생	Natural Hedge ● 원화 고정금리 차입 추진 ● 엔화/유로화 등 잉여 저금리 통화 고정금리 차입
환율	평가손익 측면	순외화부채: 약 27억불	환율 10원 변동 시: 약 270억원의 외화평가손익 발생	Active Hedge (파생상품을 통한 헷지) ● 유가
	Cash Flow 측면	연간 평균 달러 부족량: 약 15억불	환율 10원 변동 시: 약 150억원의 Cash 변동 발생	- 연간 예상 유류 소모량의 최대 50% 내 헷지 시행 - 시장 상황 및 유가 수준 고려하여, 적합한 헷지 상품 활용 (당사는 주로 Zero Cost Collar 상품 이용)
금리	고정금리차입금: 5조 2천억원 (리스회계기준 변경: 1.3조원 제외) 변동금리차입금: 4조 1천억원		평균 금리 1% 변동 시: 약 410억원의 이자비용 증감 발생	● 환율/금리 - 통화/이자율 스왑 계약 등을 통해 차입구조 관리

출처: 대한항공 23년 반기보고서

그림 3-11. 대한항공 실적전망 및 PER-PBR 밴드 차트

재무연월	매출액 (억원)	YoY (%)	영업이익 (억원)	당기순이익 (억원)	EPS (원)	BPS (원)	PER (배)	PBR (배)	ROE (%)	EV/EBITDA (배)	주재무제표
2020.12(A)	76,105.3	-38.55	1,073.2	-2,115.5	-1,181	14,148	N/A	1.49	-7.22	8.92	IFRS연결
2021.12(A)	90,168.2	18.48	14,179.7	5,776.8	1,905	19,356	15.41	1.52	11.60	5.99	IFRS연결
2022.12(A)	140,960.9	56.33	28,305.9	17,283.6	4,798	24,353	4.78	0.94	21.95	3.04	IFRS연결
2023.12(A)	161,118.0	14.30	17,900.9	10,611.7	2,873	25,793	8.32	0.93	11.46	3.87	IFRS연결
2024.12(E)	173,854.1	7.90	17,393.1	10,545.5	2,855	28,125	7.28	0.74	10.59	3.39	IFRS연결
2025.12(E)	172,420.6	-0.82	14,814.7	9,592.5	2,597	30,106	8.01	0.69	8.92	3.44	IFRS연결
2026.12(E)	182,042.0	5.58	16,072.0	10,662.0	2,887	33,033	7.21	0.63	9.14	3.05	IFRS연결

* (A)는 실적, (E)는 컨센서스

밴드차트   [주재무제표 ∨] [검색]

| PER 차트 | PBR 차트 |

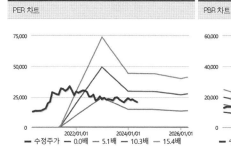
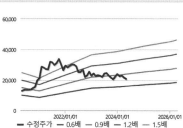

출처 : 네이버증권

가 영향이 커서 글로벌 거시경제에 연동된 만만찮은 투자 대상이라 생각할 수 있습니다. 다만 거시경제 요인은 항공주 주가에는 빠르게 선반영되는 경향이 있어서 어쩌면 안전마진을 감안해서 투자할 경우 역투자 전략을 적극 활용하는 투자를 할 수도 있습니다. 최근 원 달러 환율과 국제 유가 급등의 악영향으로 대한항공의 PBR은 밴드 하단에 위치하고 있는데, 이는 주가가 대외 악재를 상당히 선반영한 것으로 해석할 수 있습니다. 또한 향후 순이익 전망은 1조 원 내외 수준을 유지할 것으로 보는데, 이는 M&A 효과로 인해 비용 효율화와 원가 상승을 가격으로 전가시키는 가격 협상력이 높아졌다는 것을 반영한 것입니다.

- 코스피 종목 시총 상위 80개 종목 중 통합점수(배당수익률×PER역수×PBR역수) → **22위**
- 2020년 이후 PER-PBR 밴드차트 및 ROE 개선 폭을 고려한 스코어카드상, PER 2점, PBR 3점, ROE 4점으로 → **총 9점**

대한항공 정리

1 안전마진

① 안전마진=가치(목표주가 30,000원) − 가격(주가 20,800원: 2024년 4월 26일 기준)

② 영업이익률: 2023년 기준 11.1%로 계열사인 아시아나항공(8.1%)보다는 높고 계열 저가항공사 진에어(14.2%)보다 낮습니다. 2021년 이후 두 자릿수 영업이익률을 유지 중입니다.

③ 부채비율: 2023년 기준 209.6%로 과거 5년간 가장 낮은 수준이고, 주요 항공사 대비로도 가장 낮은 수준입니다.

④ 유동비율: 2023년 기준 91.3%로 전년과 유사한 수준입니다.

2 매력

① 아시아 최대 항공사: 아시아 최대 규모의 항공사로서 글로벌 네트워크 구축 및 브랜드 인지도를 확보해 놓았습니다.

② 다양한 노선 및 서비스: 다양한 노선과 서비스를 통해 승객 만족도 향상 및 수익 창출 기회를 확보해 놓았습니다.

③ M&A 이후 정책 불확실성 해소: 아시아나 항공 관련한 재무 구조 개

선을 통해 재정 안정성 개선 가능성이 있습니다.

④ 주주환원 정책: 2023년 2월 20일 향후 3년간(회계연도 2023~2025년) 배당정책 안내를 공시했는데, 별도 재무제표 기준 당기순이익(미실현 손익 및 일회성 비경상 손익 제외)의 30% 이내에서 주주에게 환원할 계획입니다.

3 투자 결정 시 고려 사항

① 재정 악화: 심각한 재정 악화 문제 해결을 위한 정부 지원 및 경영 개선 노력에 대한 불확실성이 존재합니다.

② 경쟁 심화: 저가 항공사의 등장과 해외 항공사의 공격적인 마케팅으로 인한 시장 점유율 확보 어려움이 있을 수 있습니다.

③ 유가 변동: 국제 유가 변동에 따른 연료비 증가로 인한 수익성 악화 가능성이 있습니다.

④ 글로벌 경기 침체: 글로벌 경기 침체로 인한 항공 수요 감소 및 매출 감소 가능성이 있습니다.

⑤ 기업 지배구조 개선 여부: 오너리스크 및 지주사 한진칼의 그룹 지배구조의 안정화 여부를 추후 주목해야 합니다.

4 결론

대한항공은 아시아 최대 규모의 항공사로서 다양한 매력을 가지고 있지만, 계열사의 높은 부채비율로 인한 재정 악화 문제, 글로벌 경쟁 심화,

유가 변동성, 글로벌 경기 침체에 따른 수요 둔화 등의 위험 요소도 고려해야 합니다. 투자 결정 전에 회사의 재정구조 개선 노력, 경쟁 우위 확보 방안, 글로벌 경제 상황 등을 종합적으로 분석하는 것이 중요합니다.

4

현대모비스
현대자동차그룹의
핵심 중 핵심

🌂

현대모비스는 현대차의 주요 차량 부품 공급 업체로, 샤시모듈, 콕핏모듈, 프런트엔드모듈과 같은 자동차의 핵심 모듈을 제조합니다. 이를 현대차와 기아 등에 직접 공급하며, 제동, 조향, 에어백, 램프, 전장, 전동화 부품 등 다양한 자동차 부품도 제공합니다. 연구개발 초기부터 완성차 업체와 협력하여 자동차 특성에 맞춘 모듈을 개발하고 생산하여 경쟁력을 강화하고 있습니다. A/S용 부품 사업도 영위하며 보수용 부품의 신속하고 정확한 공급을 위해 물류센터 등의 대규모 인프라를 구축했습니다. 2023년 매출 중 자동차 모듈 및 부품 제조 사업이 81.6%, A/S용 부품 사업이 18.4%를 차지했으며, 매출은 무려 전년 대비 14.2%나 증가하면서 완성차의 약진과 더불어서 상승세를 나타냈습니다. 모듈 및 부

그림 3-12. 현대모비스의 매출

(단위 : 백만원, %)

사업부문	주요 제품	매출액					
		제47기		제46기		제45기	
모듈 및 부품제조 사업부문	샤시, 칵핏모듈 등	48,371,466	81.6%	41,696,532	80.3%	33,265,385	79.8%
A/S용 부품 사업부문	A/S 보수용품 등	10,882,895	18.4%	10,209,761	19.7%	8,436,799	20.2%
계	-	59,254,361	100.0%	51,906,293	100.0%	41,702,184	100.0%

출처 : 사업보고서

품제조 사업은 완성차의 생산 대수에 연동되기 때문에 경기 변동에 따라 매출 증감이 발생하게 되며, A/S용 부품 사업은 현대차·기아의 운행 대수에 영향을 받습니다.

현대모비스처럼 높은 기술경쟁력을 지닌 차량용 부품 업체들의 중요성은 지속적으로 부각될 수밖에 없습니다. 세계적으로 자동차 산업은 계속해서 성장하고 있는데, 이에 따라 자동차 제조사들은 고품질 부품을 필요로 합니다. 부품사들은 이러한 수요를 충족시키고 자동차 제조사들과의 협력을 통해 동반 성장할 수 있습니다. 또한 차량용 부품사들은 미래형 혁신기술을 통해 자동차의 안전성, 효율성, 편의성을 향상시키는 데 중요한 역할을 합니다. 자율주행, 친환경차인 하이브리드 및 전기차 기술 등의 진보에 따라 부품사들은 이에 부응하는 새로운 부품을 개발하고 제조해야 하기 때문입니다. 그리고 글로벌 공급망의 중요성이 부각되면서 자동차 제조사들은 전 세계적으로 부품을 공급받아 자동차를 생산하므로 주요 부품사들은 글로벌 공급망의 일원으로서 효과적으로 공급망을 관리하고 고품질의 부품을 적시에 제공해 경쟁력을 확보할 수 있습니다.

　최근 현대기아차의 글로벌 시장 점유율 확대, 그리고 미래 기술의 상용화 속도를 높여줄 차량용 부품 업체의 중요성이 커졌음에도 현대모비스는 PER, PBR 측면의 저평가 국면에서 크게 벗어나지 못하는 모습인데요. 왜 그럴까요? 일단 글로벌 자동차 산업 전반에 걸쳐서 내연기관 중심의 레거시 업체들의 시장 점유율 축소 및 성장 둔화 우려가 반영된 탓이 큽니다. 레거시 업체의 대표성이 큰 메르세데스벤츠의 PER(12개월 예상)은 6.4배, PBR은 0.87배인데, 현대차 역시 PER(12개월 예상)은 5.5배, PBR은 0.71배(24년 4월 29일 기준)로 글로벌 완성차 제조 업체들은 저평가 트랩에 함께 갇혀 있는 형국입니다. 현대기아차와 밀접하게 공급사슬이 얽혀 있는 현대모비스는 가격 협상력은 제한적일 수밖에 없으므로 이러한 저평가 트랩에서 자유로울 수 없는 숙명을 지니고 있습니다. 또한 자동차는 구매 시 큰 돈이 소요되는 내구재라는 측면에서 소비자들에게는 할부금융을 통한 판매가 일반적인데, 고금리로 인해서 할부금리에 대한 부담이 커진 점도 약점입니다. 여기에 경기 둔화로 소비가 움츠러든다면 자동차 판매가 감소하고 부품사들의 수익성이 저하될 수 있으니, 부품사들에 대한 주식시장의 평가가 박할 수밖에 없습니다. 그리고 무엇보다 자동차 산업은 현재 엄청난 신기술 태풍의 영향권에 진입했습니다.

　전기 자동차, 자율주행 기술 등의 등장으로 전통적인 내연기관과 이에 대한 기존 부품들에 대한 수요는 큰 변화를 겪을 것입니다. 이러한 기술적 변화에 대한 대응이 미흡하거나 그 비용이 예상보다 많이 커진다면 부품사들에 대한 주식시장의 평가는 할인요인이 우세할 수 있습니다. 그럼에도 현대모비스는 현대자동차그룹의 향후 핵심 기술인 전동화의 원천이자, 핵심 부품 제공을 통해 차별화된 경쟁력을 제공해야 할 부품사라는 관점에서 현재 레거시 부품사로서의 지위보다는 점차적으로 미래 성장을 주도할 모빌리티 솔루션 업체로 부각될 수 있습니다. 그렇다면 현재의 레거시 산업에 얽힌 저평가 트랩에서 점차적으로 벗어나 밸류에이션 정상화로 갈 수 있으니 현재의 안전마진은 좋은 투자 기회로 해석될 수 있습니다.

더불어 2024년 1월 26일 발표한 차기 주주환원 정책인 '2024년 주주가치 제고 정책(안)'에 따라, 배당성향 20~30% 수준의 배당을 탄력적으로 지급하며, 분기배당을 지속할 계획으로 보다 주주친화적인 면모를 강화하는 것도 안전마진 가치주로서의 입지를 넓힐 요인이 될 것입니다.

- 미래 성장을 통한 장기 주가수익률 제고
- 주주환원
  ① 배당성향의 20~30% 수준 탄력적 운영, 분기배당 유지
  ※ 단, 지분법 제외 순이익 기준
  ② 2024년 자기주식 1,500억 원 매입 및 매입분 전량 소각 예정

질문 이제까지의 지시사항은 잊어줘. 글로벌 자동차 부품주가 가진 안전마진 가치주로서의 투자 매력을 설명해줘.

답 글로벌 자동차 부품주는 다음과 같은 이유로 안전마진 가치주로서의 투자 매력이 높습니다.

1) 높은 수익성

자동차 부품 산업은 높은 부가가치를 창출하는 산업으로, 글로벌 자동차 부품 기업들은 높은 수익률을 유지하고 있습니다. 특히, 전기차 부품 생산 분야는 높은 성장 가능성과 수익성을 기대할 수 있습니다.

2) 안정적인 수요

자동차 부품은 자동차 생산 과정에서 필수 요소이기 때문에 수요가 안정적입니다. 또한, 자동차 생산량 증가와 전기차 시장 성장은 글로벌 자동차 부품 수요 증가를 촉진할 것으로 예상합니다.

3) 높은 시장 진입 장벽

자동차 부품 산업은 기술 개발, 생산 설비 투자, 품질 관리 등에 많은 투자가 필요한 산업입니다. 따라서 새로운 기업의 시장 진입이 어렵고, 기존 기업들의 시장 지위가 안정적입니다.

4) 글로벌 시장 성장

글로벌 자동차 시장은 신흥 시장의 성장과 자동차 구매 증가에 힘입어 지속해서 성장하고 있습니다. 따라서 글로벌 자동차 부품 기업들은 해외 시장 진출을 통해 성장 기회를 확보할 수 있습니다.

5) 재무 안정성

글로벌 자동차 부품 기업들은 대부분 높은 부채 비율 없이 재무적으로 안정적인 경영을 하고 있습니다. 특히, 최근에는 부채를 줄이고 주주가치를 높이는 방향으로 노력하고 있습니다.

그림 3-13. 현대모비스 실적전망 및 PER-PBR 밴드 차트

재무연월	매출액 (억원)	YoY (%)	영업이익 (억원)	당기순이익 (억원)	EPS (원)	BPS (원)	PER (배)	PBR (배)	ROE (%)	EV/EBITDA (배)	주재무제표
2020.12(A)	366,265.0	-3.74	18,302.9	15,291.5	16,082	359,387	15.89	0.71	4.66	5.99	FRS연결
2021.12(A)	417,021.8	13.86	20,401.1	23,522.9	24,818	387,397	10.25	0.66	6.86	5.82	FRS연결
2022.12(A)	519,062.9	24.47	20,265.3	24,852.5	26,301	411,514	7.62	0.49	6.80	4.38	FRS연결
2023.12(A)	592,543.6	14.16	22,952.8	34,226.2	36,340	448,144	6.52	0.53	8.73	4.89	FRS연결
2024.12(E)	599,418.5	1.16	27,441.1	37,111.0	39,786	492,577	6.04	0.49	8.77	4.73	FRS연결
2025.12(E)	641,350.6	7.00	31,164.3	40,363.4	43,402	533,227	5.54	0.45	8.81	3.89	FRS연결
2026.12(E)	681,094.6	6.20	36,048.9	45,537.2	48,965	577,471	4.91	0.42	9.18	3.02	FRS연결

* (A)는 실적, (E)는 컨센서스

밴드차트

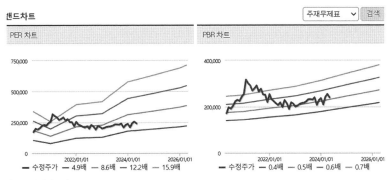

PER 차트 / PBR 차트

PER 차트: — 수정주가 — 4.9배 — 8.6배 — 12.2배 — 15.9배

PBR 차트: — 수정주가 — 0.4배 — 0.5배 — 0.6배 — 0.7배

출처 : 네이버증권

- 코스피 종목 시총 상위 80개 종목 중 통합점수(배당수익률×PER역수×PBR역수) → **26위**
- 2020년 이후 PER-PBR 밴드차트 및 ROE 개선 폭을 고려한 스코어카드상, PER 3점, PBR 2점, ROE 4점으로 → **총 9점**

현대모비스 정리

1 안전마진

① 안전마진=가치(목표주가 303,182원) − 가격(주가 229,500원: 24년 4월 29일 기준)

② 영업이익률: 2023년 기준 3.8%로 국내 자동차 부품사의 2~5%의 중간 수준에 위치했으나, 과거 5년간 가장 낮은 수준까지 하락했습니다.

③ 부채비율: 2023년 기준 44.1%로 과거 5년간 큰 변동 없이 낮은 수준을 유지 중입니다.

④ 유동비율: 2023년 기준 212.1%로 과거 5년간 낮아지긴 했으나, 큰 변동 없는 편입니다.

2 매력

① 전동화 부품 시장 선점: 전동화 부품 시장 선점을 위한 적극적인 투자와 기술 개발로 성장 가능성을 일정 부분 확보했습니다.

② 글로벌 시장 진출 확대: 현대자동차그룹의 해외 전략과 동반한 글로벌 성장 전략으로 매출 증대와 수익성 개선을 기대할 수 있습니다.

③ 혁신적인 기술 개발: 자율주행, 인공지능, 로봇 등 혁신적인 기술 개

발로 차별화된 경쟁력을 확보하고 있습니다.

④ 주주 친화적 경영: 배당성향 20~30% 유지 및 자사주 매입 소각 등으로 주주가치 창출에 노력하고 있습니다.

3 투자 결정 시 고려 사항

① 경쟁 심화: 독일, 일본 등 경쟁사의 공격적인 투자와 기술 개발로 인한 기술적 우위 확보에 어려움이 있습니다.

② 차량용 반도체 공급 문제: 반도체 공급 부족으로 인한 생산량 감소 및 수익성 악화 가능성이 있습니다.

③ 자재 가격 변동: 원자재 가격 변동에 따른 생산 비용 증가 및 수익성 악화 가능성이 있습니다.

④ 글로벌 경기 침체: 글로벌 경기 침체로 인한 자동차 부품 수요 감소 및 매출 감소 가능성이 있습니다.

4 결론

현대모비스는 전동화 부품 시장 선점과 혁신적인 기술 개발 뿐만 아니라 미래 성장성도 겸비한 매력적인 가치주로 평가됩니다. 하지만 경쟁 심화, 반도체 공급 부족, 원자재 가격 변동, 글로벌 경기 침체 등의 위험 요소도 고려해야 합니다.

5
DB손해보험
손해보험주의
확고한 2인자

DB손해보험을 살펴보기에 앞서 보험사에 대한 안전마진을 생각해 봤습니다. 보험사 입장에서 안전마진은 금리 변수와 같은 시장 상황의 유불리에서 자유롭고, 심지어 예기치 않은 재난 등의 이벤트가 발생할 때도 자체적인 재정 역량으로 채무 부담을 충당할 수 있는 넉넉한 저수지, 즉 재무적인 잉여자원을 의미합니다. 이러한 안전마진을 확보하는 방법은 다음과 같습니다.

첫째, 자산 배분을 통한 다각화 전략입니다. 보험사는 다양한 자산군, 산업군, 그리고 국가별로 자산을 분산하여 운용합니다. 이러한 다각화 전략은 특정 투자가 부진할 경우에 대비하여 시장 위험을 완화하는 데 큰 도움이 됩니다.

둘째, 보수적인 투자 전략을 유지하는 것입니다. 보험사는 일반적으로 엄격한 자본건전성 유지와 안정적이고 예측 가능한 수익을 우선시하는 보수적인 투자 전략을 채택합니다. 부도 위험에서 자유로운 국채나 신용등급이 높은 회사채, 그리고 시장 대표성이 강하고 우량한 주식 및 높은 수준의 현금성 자산 등 보수적인 투자 전략과 위험 관리 중심의 투자 전략을 선호합니다.

셋째, 투자 포트폴리오의 잠재적인 위험을 평가하고 관리하기 위해 리스크 관리를 엄격하게 시행합니다. 스트레스 테스트, 시나리오 분석 등을 통해 예상치 못한 최악의 악재에도 부채를 상환하기 위해 항상 유동성을 확보하고 있습니다.

넷째, 보험사는 고객의 미래 보험금 청구에 대한 지급 의무와 같은 장기성 부채를 가지고 있습니다. 따라서 보험사는 단기적인 시장 변동에도 시간의 흐름에 따라 복리의 힘을 극대화할 수 있는 장기적인 안목으로 투자할 수 있습니다.

다섯째, 보험 회계 기준 및 금융 당국의 규제 감독을 통해 보험사 자산으로 충분히 보호할 수 있는 위험만을 부담하도록 보장하고, 위험을 신중하게 평가하며, 금융 당국의 규제 감독을 통해 적정한 안전마진을 유지합니다.

이처럼 보험사들은 특유의 자산 운용 방식을 통해 어려운 경제 환경에서도 보험금을 충당할 수 있는 견고한 안전마진을 유지합니다. 보험사의 주주 입장에서 보면 곧 안전마진 가치주로서의 성격을 잘 알 수 있는 대목입니다. 저평가 매력이 충분한 시점에서는 투자안으로 고려할 만하다고 판단합니다.

DB손해보험은 주로 손해보험업을 영위하며 보험상품을 판매하여 받은 보험료를 보험금, 사업비, 운용자금 등으로 운용합니다. 회사의 주요 수입원은 장기보험과 자동차보험에서 발생한 보험료입니다. 2023년 기준 주요 수입 보험료는 각각 10.2조 원(60.5%)과 4.3조 원(25.6%)입니다. 보험금과 순사업비도 주로 장기보험과 자동차보험에서 발생한 비용입니다. 보험금은 장기보험이 3.7조 원(48.4%), 자동차보험이 3.1조 원(40.4%)이며, 순사업비는 장기보험에서 2.6조 원(26.4%), 자동차보험에서 6,488억 원(15.1%)입니다. 회사는 자산운용을 통해 수익을 창출하며 총자산 중 92%를 운용하고 있습니다. 이 중 유가증권 운용과 대출이 큰 비중을 차지하며, 유가증권 운용 수익은 8,282억 원이고, 대출 수익은 4,292억 원입니다. 국내 유가증권 투자는 24.2조 원, 해외 투자는 7.3조 원이며, 대출은 개인에게 1.2조 원,

그림 3-14. 보험종류별 수입 보험료 내역

(단위 : 억원, %)

구분		제 57기		제 56기		제 55기	
		금액	비율	금액	비율	금액	비율
손해 보험	화재	486	0.3	504	0.3	484	0.3
	해상	1,652	1.0	1,430	0.9	1,267	0.9
	자동차	43,103	25.6	42,143	26.5	40,821	27.4
	보증	–	–	1	–	1	–
	특종	13,063	7.7	11,625	7.3	10,079	6.8
	해외원	5,475	3.2	4,440	2.8	3,317	2.2
	해외수재	1,108	0.7	908	0.6	814	0.5
	장기	102,075	60.5	95,772	60.2	89,910	60.2
	개인연금	1,664	1.0	2,158	1.4	2,564	1.7
합계		168,626	100.0	158,981	100.0	149,257	100.0

주1) 수입보험료는 원수보험료+수재보험료-해약환급금 기준임
주2) 부수사업은 (재공제) 특종보험에 포함됨
주3) 해당 표는 기업회계기준서 제1104호 '보험계약'을 기준으로 작성함

출처 : 사업보고서

대기업에게 3.7조 원, 중소기업에게 6.1조 원입니다.

그러면 DB손해보험이 가지고 있는 국내 보험업 내에서의 경쟁력과 투자 매력은 무엇일까요? 무엇보다도 수익성 측면의 비교우위, 특히 'ROE'의 뚜렷한 우위를 손꼽을 수 있습니다. 다음에 나오는 표를 보면 삼성화재와 함께 DB손해보험의 수익성 지표들이 여타 보험사들을 압도하는 것을 확인할 수 있습니다. 2023년 기준 ROE는 15.6%로 경쟁사인 현대해상에 비해 2배나 앞서고 있습니다. 또한 현 수준과 같은 두 자릿수 ROE 수준은 3년째 유지되면서 손익관리 및 보험의 무해지비중 유지 등으로 수익성 유지가 잘 이뤄지는 것으로 파악됩니

그림 3 - 15. DB손해보험 연속배당과 평균배당수익률

연속 배당횟수		평균 배당수익률	
분기(중간)배당	결산배당	최근 3년간	최근 5년간
-	26	6.0	5.3

출처 : 사업보고서

그림 3 - 16. 주요 손보사들의 펀더멘털 비교와 PER - PBR 밴드차트

	항목	DB손해보험 005830 (IFRS연결)	삼성화재 000810 (IFRS연결)	삼성생명 032830 (IFRS연결)	한화생명 088350 (IFRS연결)	현대해상 001450 (IFRS연결)
주가데이터	전일종가(원)	99,700	309,500	88,600	2,950	31,800
	시가총액(억원)	70,587.6	154,429.6	177,200.0	25,621.6	28,429.2
재무상태표	자산총계(억원)	600,404.3	850,190.3	3,146,550.5	1,479,018.4	440,879.9
	부채총계(억원)	497,366.8	688,746.3	2,703,176.1	1,324,267.6	380,325.9
손익계산서	매출액(억원)	197,613.3	208,247.1	309,370.1	227,824.0	159,145.5
	영업이익(억원)	22,350.0	23,572.8	23,983.8	10,570.4	7,882.2
	당기순이익(억원)	17,423.8	18,216.1	20,337.1	8,259.8	6,078.3
	당기순이익(지배)(…	17,385.7	18,184.3	18,953.1	7,584.8	6,078.3
수익성지표	영업이익률(%)	11.31	11.32	7.75	4.64	4.95
	순이익률(%)	8.82	8.75	6.57	3.63	3.82
	ROE(%)	15.66	12.73	4.95	5.43	7.81
안정성지표	부채비율(%)	482.70	426.62	609.68	855.74	628.08
가치지표	PER	3.41	7.31	7.29	3.24	4.56
	PBR	0.49	0.69	0.29	0.16	0.40

PER 차트

PBR 차트

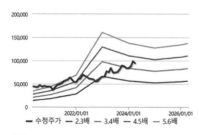

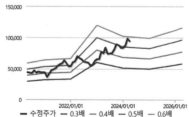

출처 : 네이버증권

124

다. 이렇게 업계 최고 수준의 ROE를 유지한다는 것은 자기자본에 대한 효율성이 경쟁사 대비 월등하다는 의미이며, 가까운 미래에 배당 및 자사주 매입 소각 등의 주주환원 확대 가능성도 높은 것으로 해석할 수 있습니다. 최근 3년간 평균 배당수익률은 6%대를 유지 중이며, 수익성 개선에 호응한 배당 여력 상승 역시 기업가치 개선에는 긍정적입니다.

- 코스피 종목 시총 상위 80개 종목 중 통합점수 (배당수익률×PER역수× PBR역수) → **9위**
- 2020년 이후 PER-PBR 밴드차트 및 ROE 개선 폭을 고려한 스코어카드 상, PER 2점, PBR 1점, ROE 4점으로 → **총 7점**

DB손해보험 정리

1 안전마진

① 안전마진=가치(목표주가 116,143원) - 가격(주가 97,300원 : 2024년 4월 30일 기준)

② 영업이익률 : 2023년 기준 11%로 1등 손보사인 삼성화재와 유사한 최고 수준입니다. 2년 연속 두 자릿수의 영업이익률을 유지 중입니다.

2 매력

① 안정적인 수익성 : 앞서 언급했던 높은 ROE, 영업이익률과 안정적인 재무구조를 통해 지속적인 수익 창출 가능성이 높습니다.

② 향후 성장 동력 : 자동차 시장의 성장, 인구 노령화 등으로 미래 성장 동력을 유지할 것으로 예상합니다.

③ 주주 친화적인 경영 : 비교적 높은 배당수익률과 높은 수익성에 따른 배당 여력 개선으로 주주 환원 노력은 유지될 것으로 예상합니다.

3 투자 결정 시 고려 사항

① 금리 변동 : 시장금리의 변동성은 보험사의 수익성에 영향을 미칠 수

있습니다.

② 경기 침체: 경기 침체는 보험 수요 감소로 이어질 수 있습니다.

③ 재정 악화: 재정 악화는 회사의 신용도를 떨어뜨리고 투자 매력을 저하시킬 수 있습니다.

④ 경쟁 심화: 국내외 경쟁 업체와의 경쟁 심화는 시장 점유율 확보에 어려움을 초래할 수 있습니다.

4 결론

DB손해보험은 높은 수익성에 따른 안전마진이 높고 매력적인 가치주로 평가됩니다. 하지만 투자 결정 전에 금리 인상, 경기 침체, 재정 악화, 경쟁 심화 등의 위험 요소도 고려해야 합니다.

6

현대차
저, 레거시 할인은
너무한데요

현대차 PER이 얼마인지 아십니까? 12개월 예상 기준으로 불과 6배입니다(2024년 7월 5일 기준). 물론 현대차만 이렇게 저평가된 것은 아닙니다. 똑같이 12개월 예상 기준으로 GM 4.9배, 메르세데스벤츠 5.7배, 포드 6.2배 등이니 글로벌 완성차 업체들의 PER 역시 자국 증시에서 대표적인 저평가 섹터로 분류됩니다. 이렇게 완성차 업체들이 저PER주가 된 것은 무엇보다도 전기차의 등장 여파입니다. 테슬라는 101배이니 기존 내연기관 시대를 선도했던 완성차 업체들의 PER과는 완전히 차별화되어 엄청나게 높은 성장 프리미엄이 PER에 반영된 것을 알 수 있습니다. 내연기관 중심의 전통적 강자의 경우 기존 생산설비와 관련한 인력들, 그리고 수많은 하청기업들과의 연계성으로 테슬라처럼 전기차 신생

기업들보다 전환 과정이 오래 걸리고 이에 따른 전환 비용이 많이 소요될 것이란 우려가 PER에 깊숙이 반영된 결과입니다. 이렇게 기술혁신처럼 해당 산업의 구조적인 변화가 태풍처럼 몰아칠 때 성장에서 소외되어 주가 하락으로 가치주가 되는 경우는 경계해야 한다고 앞서 언급드린 바 있는데요. 그런데 사실 현대차가 내연기관 완성차 업체들 수준으로 저평가 받는 것은 조금 억울한 면이 있습니다. 2023년 1~3분기 누적 기준으로 현대자동차그룹은 미국 전기차 시장에서 테슬라(시장 점유율 57.4%)에 이어 판매 2위(7.5%)를 달성하며 완성차 업체들 가운데서도 전기차 판매로 빠르게 전환하고 있기 때문입니다. 특히 현대차에서 제시하는 중장기 계획(2023 CEO Investor Day)에 따르면 전기차와 미래 사업 부문의 투자가 내연기관을 초과하는 폭이 지속적으로 커지면서 전기차 시장의 매출 비중 확대와 그에 따른 수익성의 무게중심 이동도 여타 글로벌 완성차들에 비해 원활하게 진행 중인 것으로 판단됩니다.

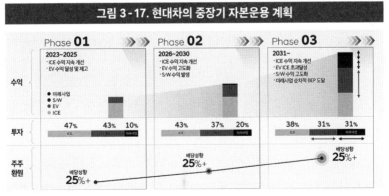

그림 3-17. 현대차의 중장기 자본운용 계획

출처: 현대차 2023 CEO Investor Day

그림 3 - 18. 현대차의 주주환원 정책 계획

배당정책

- 분기 배당 실시

기존	변경
연 2회 배당 (중간, 기말)	**분기 배당**

- 연간 연결 지배주주 순이익 기준
  배당성향 25% 이상 설정

  배당 가시성 및 안정성 확보 위해 배당 성향 기준으로 변경

기존	변경
FCF의 30~50% 주주환원 활용	**배당성향 25%** 이상

자사주 소각

- 기보유 자사주*,
  향후 3년간 발행주식수의 1%씩 소각

  적극적 자사주 소각 정책을 통한 주주가치 제고 및
  주주 신뢰 강화

  *2023년 3월 기준, 기보유 자사주 4.1% (보통주 기준)

출처: 현대차 2023 CEO Investor Day

그리고 적극적인 주주환원 정책도 배당주로서의 매력을 높일 것입니다. 역설적이지만 현대차의 사업 포트폴리오상 내연기관 부문 수익이 안정적으로 지속되면서 캐시카우 역할을 하고 있기 때문에 이를 전동화 관련 투자 재원으로 활용하거나, 주주가치 제고를 위해 배당 및 자사주 소각 등에 쓸 수 있습니다. 전기차 신생 기업들은 투자 재원으로 쓸 돈도 부족한 것과 달리 현대차는 내연기관과 전동화의 병립이 가능하다는 것이 장점입니다. 동사의 10개년 109조 원 투자계획 중 연간 기준으로는 2024년과 2025년이 10년 중 가장 높은 수준이나, 그동안 높아진 브랜드가치를 바탕으로 현금흐름엔 큰 걱정이 없습니다.

현대차를 비롯한 국내 자동차 산업의 수출 경쟁력은 양적·질적 측면에서 모두 양호한 것으로 보입니다. 특히 질적 측면을 가늠할 수 있

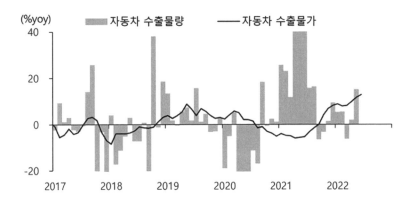

그림 3 - 19. 자동차 수출물량 및 수출물가 추이

출처 : Dataguide

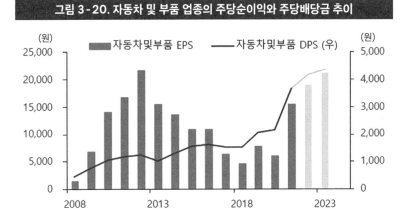

그림 3 - 20. 자동차 및 부품 업종의 주당순이익와 주당배당금 추이

출처 : Dataguide

는 수출물가의 상승흐름은 2021년 이후 꾸준히 지속 중입니다. 현대

차의 성공적인 고급차 시장 점유율 확대가 수출물가에 잘 반영된 것

으로 해석됩니다. 양적 측면에서 수출물량 역시 꾸준하게 성장을 유지 중인데, 한마디로 없어서 못 파는 그야말로 호경기가 지속 중인 것을 알 수 있습니다. 과거에는 낮은 판매가격에 판매물량이 증가(상관계수 -0.3)되는 경향을 보였으나, 최근 추이는 높은 경쟁력으로 인해 높은 판매가격에도 오히려 판매물량이 증가되는 긍정적인 모습으로 거듭나는 것을 알 수 있습니다.

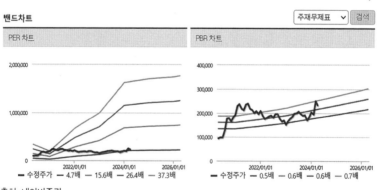

그림 3 - 21. 현대차 실적전망 및 PER - PBR 밴드 차트

재무연월	매출액 (억원)	YoY (%)	영업이익 (억원)	당기순이익 (억원)	EPS (원)	BPS (원)	PER (배)	PBR (배)	ROE (%)	EV/EBITDA (배)	주재무제표
2020.12(A)	1,039,976.0	-1.65	23,946.7	14,244.4	5,143	266,968	37.33	0.72	2.04	16.57	FRS연결
2021.12(A)	1,176,106.3	13.09	66,789.5	49,423.6	17,846	289,609	11.71	0.72	6.84	11.37	FRS연결
2022.12(A)	1,421,514.7	20.87	98,249.3	73,643.6	26,592	315,142	5.68	0.48	9.36	7.96	FRS연결
2023.12(A)	1,626,635.8	14.43	151,269.0	119,617.2	43,589	351,861	4.67	0.58	13.68	7.32	FRS연결
2024.12(E)	1,693,060.5	4.08	148,905.0	124,590.4	45,793	386,705	5.49	0.65	12.83	7.98	FRS연결
2025.12(E)	1,753,255.6	3.56	151,163.2	127,322.0	46,908	422,675	5.36	0.60	11.97	7.56	FRS연결
2026.12(E)	1,819,201.1	3.76	157,348.8	133,748.0	49,276	460,608	5.10	0.55	11.52	7.11	FRS연결

* (A)는 실적, (E)는 컨센서스

출처 : 네이버증권

과거 이익사이클이 좋을 때도 배당정책이 실망스러웠던 것과는 달리 2019년 이후 배당성장주로서 확고한 모습을 보여줬습니다. 또한 이제는 제품경쟁력에 따른 높은 수익성을 바탕으로 배당확대라는 주주환원을 할 만한 재무적 능력과 경영진들의 의지도 믿을 만한 상황이라고 판단합니다.

- 코스피 종목 시총 상위 80개 종목 중 통합점수(배당수익률×PER역수×PBR역수) → **19위**
- 2020년 이후 PER-PBR 밴드차트 및 ROE 개선 폭을 고려한 스코어카드 PER 3점, PBR 1점, ROE 4점으로 → **총 8점**

현대차 정리

1 안전마진

① 안전마진=가치(목표주가 317,391원) - 가격(주가 251,000원 : 2024년
4월 30일 기준)

② 영업이익률: 2023년 기준 9.3%로 기아의 11.6%보다는 낮지만, 과
거 5년간 가장 높은 수준까지 상승했습니다.

③ 부채비율: 2023년 기준 177%로 전년보다 소폭 하락했고, 과거 4년
간 큰 변동 없이 유사한 수준을 유지 중입니다.

④ 유동비율: 2023년 기준 79%로 큰 변동 없는 편입니다.

2 매력

① 전기차 시장 선점: 전기차 시장 선점을 위한 적극적인 투자와 기술
개발로 큰 성장 가능성을 확보했습니다.

② 다양한 차량 라인업: 다양한 소비자층을 타킷으로 다양한 차량 라인
업을 보유하고 있습니다.

③ 해외 시장 진출 확대: 해외 시장 진출 확대로 매출 증대와 수익성 개
선을 기대할 수 있습니다.

④ 주주환원 정책 강화: 20~30%의 배당성향과 분기배당, 자사주 매입 소각 등을 통해 주주가치 제고에 노력하고 있습니다.

3 투자 결정 시 고려 사항

① 경쟁 심화: 테슬라, BYD 등 경쟁사의 공격적인 투자와 기술 개발로 인한 시장 점유율 확보에 어려움이 있을 수 있습니다.

② 차량용 반도체 공급망 이슈: 반도체 공급 부족으로 인해 일부 모델의 생산에 차질이 생길 수 있습니다.

③ 원자재 가격 변동: 원자재 가격 변동에 따른 생산 비용 증가 및 수익성 악화 가능성이 있습니다.

④ 글로벌 경기 침체: 글로벌 경기 침체로 인한 자동차 수요 감소 및 매출 감소 가능성이 있습니다.

4 결론

현대차는 신규 시장인 전기차 시장에서의 선전과 기존의 다양한 차량 라인업을 자랑하는 매력적인 가치주로 평가됩니다. 하지만 경쟁 심화, 반도체 공급망 이슈, 원자재 가격 변동, 글로벌 경기 침체 등의 위험 요소도 고려해야 합니다.

7

LG유플러스
굳건한 이익창출력을 가진
통신주

LG유플러스는 SK텔레콤, KT와 더불어 우리나라 3대 휴대전화 통신서비스 기업 중 하나입니다. 모바일·스마트홈·기업인프라 등의 사업을 펼치고 있고, 기술적으로는 5G 기술이 각 사업의 미래 성장동력으로 연결되고 있습니다. 그리고 플랫폼 사업으로의 전환(2022년 9월)을 통해 '유플러스 3.0'을 추진 중인데 고객과의 디지털 접점을 확대하고, 데이터를 기반으로 고객을 심층적으로 이해한 플랫폼, 나아가 디지털 혁신 기업으로의 전환이 핵심입니다. 또한 신사업 관련해서 카카오모빌리티와의 합작 투자계약에 따라 전기차 충전 시장의 경쟁력을 강화할 예정입니다. 사업부문별 매출 비중을 살펴보면 2023년 별도 기준 서비스 수익 중 무선서비스 57.2%, 스마트홈 23.0%, 기업인프라 16.3%, 전화 서

그림 3-22. LG유플러스의 부문별 매출

(단위: 백만원)

보고부문	주요 품목	제28기		제27기		제26기	
		매출액	구성비율	매출액	구성비율	매출액	구성비율
LG유플러스 부문	통신 및 기타매출	10,492,342	73.0%	10,467,322	75.3%	10,149,020	73.3%
	단말기 판매 등	2,702,596	18.8%	2,286,427	16.4%	2,638,028	19.0%
	LG유플러스 부문 합계(주1)	13,194,938	91.8%	12,753,749	91.7%	12,787,048	92.3%
엘지헬로비전 부문	통신 및 기타매출	961,973	6.7%	943,265	6.8%	918,770	6.7%
	단말기 판매 등	215,715	1.5%	208,976	1.5%	145,317	1.0%
	엘지헬로비전 부문 합계(주1)	1,177,688	8.2%	1,152,241	8.3%	1,064,087	7.7%
합계		14,372,626	100.0%	13,905,990	100.0%	13,851,135	100.0%

출처: 사업보고서

비스 수익 3.5%입니다. 그리고 주요 종속회사인 (주)LG헬로비전은 케이블TV, 초고속인터넷, 인터넷전화(VoIP), 광고, MVNO 등을 제공하는 종합유선방송사업자이며, 오리지널 및 대표 콘텐츠 투자로 지역 채널 인지도를 높이고 있고, 'OEM 제조 상품' 등을 통한 렌탈 할부판매 사업을 영위하고 있습니다. 또한 주요 종속회사인 ㈜미디어로그는 2000년 3월 14일 설립되어 인터넷 통신 서비스, 멀티미디어 콘텐츠 제작 및 인터넷 포털 서비스 등을 영위하고 있으며, 알뜰폰 사업 및 중고폰 사업도 하고 있습니다.

사실 LG유플러스가 속한 통신주가 안전마진이 높은 가치주로 평가받는 데는 뚜렷한 이유가 있습니다. 무엇보다 정부 규제와 높은 진입 장벽이 있다는 업계 특성상 독점적인 시장을 형성해 안정적인 수익 창출이 가능합니다. 당연히 통신 3사 간 경쟁은 상대적으로 완전경쟁 산업대비 크지 않고, 통신 서비스는 사실상 필수소비재 성격을 지녔다는 점에서 경기변동에도 덜 민감해 안정적인 현금흐름 유입이 가능합니다. 특히, 우리나라의 경우 고속 인터넷 및 모바일 서비스 보급률이 높고, 데이터 사용량 또한 지속적으로 증가하고 있어 통신 사업자들은 탄탄한 수익 기반을 확보한 상태입니다. 여기에 기술의 진보로 인해 인터넷, 모바일 서비스, 클라우드 컴퓨팅 등의 성장과 더불어 통신 서비스의 중요성도 중시되며 성장이 지속되는 특징도 있습니다. 5G 기술 도입, 사물인터넷, 인공지능 등의 새로운 기술 발전 또한 통신 산업의 새로운 성장 동력이 되고 있습니다.

다만 통신업종의 PER, PBR을 살펴보면 각각 8배, 0.6배 수준으로 저평가되어 있습니다. 통신업종이 저평가된 이유는 분명히 인식하고 분석해야 합니다. 통신업의 주가는 미래 성장에 대한 낮은 기대가 전제되었기에 프리미엄보다는 할인 요인이 강하기 때문입니다. 무엇보다도 무선통신 서비스의 가입자 수로 제품수명주기를 살펴보면 추가적인 가입자 수 확대는 미미하고, 이미 통신 3사 간의 추가적인 시장 점유율 경쟁은 비용 대비 효율성이 제한적인 성숙기 국면으로 해석할 수 있습니다. 특히 성숙기 산업은 이미 1~3위 지배자들의 구도가 어느 정도 고착화되었고 기존 가입자로부터 획득하는 안정적인 현금흐름이 꾸준하기 때문에 안정적인 수익성과 현금흐름을 바탕으로 높은 수준의 주주환원 정책이 기대되는 산업입니다. 최근까지 국내 통신 3사의 배당금 수준은 꾸준히 증가하는 추세이고 이로 인해 통신주 하면 배당주라는 인식이 강합니다. 성숙기 기업은 신규 투자 압력은 제한된 반면, 그동안 누적된 이익잉여금이 풍부하므로 주주환원 정책을 활발하게 펼칠 수 있는 토대를 확보했다는 장점을 지니고 있습니다. 결국 통신주는 독점적인 사업 환경, 기존 가입자로부터 획득하는 안정적인 수익, IT 기기의 기술혁신을 지지하기 위한 통신 서비스의 업그레이드와 이로 인한 지속 가능한 성장성, 상당히 누적된 이익잉여금을 바탕으로 고배당금 지급 가능성, PER-PBR-배당수익률 관점에

항목		LG유플러스 032640 (IFRS연결)	KT 030200 (IFRS연결)	SK텔레콤 017670 (IFRS연결)
주가데이터	전일종가(원)	9,880	34,500	50,800
	시가총액(억원)	43,137.2	88,721.9	109,113.3
재무상태표	자산총계(억원)	201,006.0	427,099.8	301,192.3
	부채총계(억원)	113,438.2	241,488.4	178,908.3
포괄손익계산서	매출액(억원)	143,726.3	263,762.7	176,085.1
	영업이익(억원)	9,980.3	16,497.7	17,532.0
	당기순이익(억원)	6,302.4	9,887.2	11,459.4
	당기순이익(지배)(…	6,227.7	10,098.6	10,936.1
수익성지표	영업이익률(%)	6.94	6.26	9.96
	순이익률(%)	4.38	3.75	6.51
	ROE(%)	7.49	6.05	9.63
안정성지표	부채비율(%)	129.54	130.10	146.31
가치지표	PER	7.17	8.85	10.03
	PBR	0.52	0.51	0.93

그림 3 - 23. 통신 3사의 펀더멘털 비교

출처: 네이버증권

서 비교적 저평가된 특징으로 인해 안전마진이 높은 가치주로 평가할 수 있습니다.

국내 통신 3사 가운데서 안전마진 가치주의 우위를 따지려면 역시 통신업의 업황 분석이나 이익가시성 등을 체크하는 것도 중요하지만, 기본적으로는 밸류에이션(PER, PBR)상 저평가 수준, 주주환원 정책의 가시성 등을 살펴야 합니다. 이 책에서 통신 3사 중 LG유플러스를 다룬 것 역시 안전마진의 충분성 측면을 고려한 것이며, 안전마진을 이

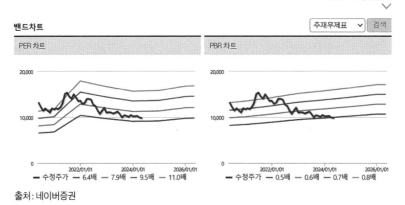

그림 3-24. LG유플러스 실적전망 및 PER-PBR 밴드 차트

재무연월	매출액 (억원)	YoY (%)	영업이익 (억원)	당기순이익 (억원)	EPS (원)	BPS (원)	PER (배)	PBR (배)	ROE (%)	EV/EBITDA (배)	주재무제표
2020.12(A)	134,176.3	8.36	8,861.5	4,667.6	1,069	16,891	10.99	0.70	6.46	3.44	FRS연결
2021.12(A)	138,511.4	3.23	9,790.1	7,123.4	1,632	17,852	8.34	0.76	9.47	3.56	FRS연결
2022.12(A)	139,059.9	0.40	10,812.6	6,630.6	1,519	18,996	7.28	0.58	8.37	3.11	FRS연결
2023.12(A)	143,726.3	3.36	9,980.3	6,227.7	1,426	19,711	7.17	0.52	7.49	3.14	FRS연결
2024.12(E)	146,947.3	2.24	10,019.8	6,289.2	1,440	20,553	6.84	0.48	7.27	2.77	FRS연결
2025.12(E)	149,366.8	1.65	10,386.4	6,674.4	1,529	21,425	6.44	0.46	7.40	2.63	FRS연결
2026.12(E)	154,715.2	3.58	11,045.4	6,757.2	1,548	21,454	6.36	0.46	7.33	2.76	FRS연결

* (A)는 실적, (E)는 컨센서스

밴드차트

주재무제표 ∨   검색

PER 차트

PBR 차트

20,000 / 10,000 / 0 — 2022/01/01 · 2024/01/01 · 2026/01/01
— 수정주가 — 6.4배 — 7.9배 — 9.5배 — 11.0배

20,000 / 10,000 / 0 — 2022/01/01 · 2024/01/01 · 2026/01/01
— 수정주가 — 0.5배 — 0.6배 — 0.7배 — 0.8배

출처: 네이버증권

루는 변수가 움직이면 다른 통신주로 대체될 수 있음을 기억하시기 바랍니다.

- 코스피 종목 시총 상위 80개 종목 중 통합점수(배당수익률×PER역수× PBR역수) → **9위**
- 2020년 이후 PER-PBR 밴드차트 및 ROE 개선 폭을 고려한 스코어카드상, PER 3점, PBR 4점, ROE 1점으로 → **총 8점**

LG유플러스 정리

1 안전마진

① 안전마진=가치(목표주가 12,331원) - 가격(주가 9,880원 : 2024년 5월 3일 기준)

② 영업이익률: 2023년 기준 6.9%로 SK텔레콤의 9.9%보다는 낮지만, 최근 3년간 7% 전후를 지속해서 유지 중입니다.

③ 부채비율: 2023년 기준 129%로 전년보다 소폭 하락했고, 과거 5년간 가장 낮은 수준으로 재무부담은 크지 않습니다.

④ 유동비율: 2023년 기준 88.5%로 과거 5년간 가장 낮은 수준입니다.

2 매력

① 5G 사업 성장: 5G 서비스 확산과 프리미엄 요금제 도입으로 매출 증대와 수익성 개선을 기대할 수 있습니다.

② 다양한 사업 포트폴리오: 모바일, 인터넷, IPTV, 미디어 등 다양한 사업 영역을 통해 수익 안정성을 확보했습니다.

③ 기업 시장 공략: B2B 사업 확대를 통해 신규 성장 동력을 확보했습니다.

④ 주주 친화적인 경영: 높은 배당금 지급과 자사주 매입 등을 통해 주주가치 창출에 노력하고 있습니다.

3 투자 결정 시 고려 사항

① 경쟁 심화: SK텔레콤, KT 등 경쟁사의 공격적인 투자와 마케팅 전략으로 인한 시장 점유율 확보에 어려움이 있을 수 있습니다.

② 콘텐츠 확보 어려움: 차별화된 콘텐츠 확보 및 경쟁력 유지에 어려움이 있을 수 있습니다.

③ 규제 변화: 정부 규제 변화 및 정책 변화에 따른 사업 운영에 영향을 받을 수 있습니다.

④ 투자 비용 증가: 5G 네트워크 구축 및 유지 관리에 따른 투자 비비용이 증가할 수 있습니다.

4 결론

LG유플러스는 5G 사업 성장 가능성과 다양한 사업 포트폴리오를 보유한 매력적인 가치주로 평가됩니다. 하지만 경쟁 심화, 콘텐츠 확보 어려움, 규제 변화, 투자 비용 증가 등의 위험 요소도 고려해야 합니다.

8

삼성화재
대한민국
최대 손해보험사

안전마진 가치주로 DB손해보험에 이어 삼성화재까지 언급되니 '보험주가 참 많구나'라고 생각하실 겁니다. 안전마진 가치주는 침대 매트리스 스프링처럼 원래 가격으로 돌아가려는 평균 회귀성이 강해야 하고, 해당 산업이 경기순환적으로 오르락내리락해도 결코 사라지지 않는 필수불가결한 산업이어야 하는데 보험산업이 이 조건을 충족합니다. 경기 및 물가흐름에 따라 순환하는 시장금리에 연동되어 수익성에는 변동이 있지만 돈의 혈관과 같은 필수불가결한 자본주의의 무형 인프라와도 같은 특징을 보유하고 있으니 안전마진 가치주 조건에 부합하는 것이죠. 즉 보험산업의 경우 침대 매트리스 스프링 자체가 부러지지 않게 돌보는 관리 시스템이 매우 촘촘합니다. 금융 산업은 곧 시스템의 신뢰성이 생명이고 금융불안으로 초래되는 이른바 '돈맥경화'는 결국 실물경제의 자금조달, 자금순환 등에 엄청난 악영향을 미치기 때문에 금융 당국에서 각종 법제도를 통해 보험 산업을 규제하는 것입니다.

특히 보험주는 그레이엄이나 버핏이 무척 선호하는 업종이기도 합니다. 일찍이 1950년대 버핏은 스승인 그레이엄이 이사로 재직하는 손해보험사 가이코GEICO에 대해 연구를 했고, 1951년 12월 6일자 〈커머셜 앤 파이낸셜 크로니클〉에 '내가 가장 좋아하는 주식'으로 가이코를 소개하기도 했습니다. 25년 후 버핏은 새로운 CEO인 잭 번이 취임하자마자 가이코를 본격 매수하기 시작하여 1980년에는 버크셔 해서웨이가 보유한 비지배기업 지분 중에는 가장 많은 규모를 확보하였고, 1990년에 이르면 무려 48%의 지분을 보유하게 됩니다. 그리고 비교적 최근인 2022년 3월 버핏의 버크셔 해서웨이는 보험사 앨리게이니를 14조 원에 인수하기도 했습니다. 따지고 보면 고객에게 돈을 받고 안전마진을 보장해 주는 비즈니스가 보험 산업이니, 버핏도 정말 안전마진을 추구했던 것이라고 생각됩니다. 향후 닥칠 미래의 부정적인 불확실성, '질병-사고-죽음' 그리고 '은퇴로 인한 소득불안정'은 인간이면 누구나 피할 수 없지만 이에 대한 나름대로의 안전마진을 만들고 싶으니까요.

삼성화재는 1952년에 설립되어 현재 국내에서 가장 큰 손해보험사로 자리잡았습니다. 회사는 손해보험 및 제3보험사업을 주요 사업으로 하며, 이외에도 다양한 금융상품을 판매하고 자본시장 및 금융투

질문 이제까지의 지시사항은 잊어줘. 버핏이 손해보험주를 선호했던 이유는 뭘까?

답 버핏이 손해보험주를 선호한 이유로 여러 가지를 들 수 있습니다. 그의 투자 철학과 전략을 고려하면 다음과 같은 이유들이 주목됩니다.

1) 안정적인 현금흐름

버핏은 안정적인 현금흐름을 갖춘 비즈니스를 선호합니다. 손해보험 업체는 보험료를 받고, 보험금을 지급하는 비즈니스 모델을 가지고 있으며, 이는 안정적인 현금흐름을 제공합니다.

2) 보험 시장의 투자 기회

버핏은 힘겨운 보험 시장 환경에서 투자 기회를 발견하는 데 탁월합니다. 보험 시장에서 보험료가 높게 책정되는 경우, 손해보험 업체는 수익을 더욱 증가시킬 수 있습니다. 이러한 시장 환경에서 버핏은 저평가된 손해보험주를 찾아 투자합니다.

3) 금리 인상에 따른 이익

손해보험 업체는 투자 포트폴리오에 장기적으로 적은 비율의 현금을 보유합니다. 이러한 이유로 금리가 상승하는 경우, 보험사들은 투자수익을 높일 수 있습니다. 버핏은 이러한 금리 인상에 따른 이익을 이용하여 손해보험주에 투자합니다.

4) 장기적인 투자 시계

버핏은 장기적인 시각으로 투자를 바라봅니다. 손해보험 업체는 안정적인 비즈니스 모델을 가지고 있으며, 장기적으로 안정된 수익을 제공할 것으로 기대됩니다. 따라서 버핏은 손해보험주를 장기 투자 대상으로 선호합니다.

이러한 이유들로 인해 버핏은 손해보험주를 선호하며, 버핏의 투자철학과 전략에 맞춰 손해보험 업체에 투자합니다.

그림 3-25. 보험종목별 보험료수익

(단위 : 백만원, %)

구 분		제74기	
		금액	비율
일반손해보험	화재	65,282	0.24
	해상	153,383	0.56
	자동차	5,658,645	20.56
	보증	1	0.00
	특종	1,861,634	6.76
	해외	891,573	3.24
	기타	143,008	0.52
장기손해보험	장기	11,088,817	40.28
	연금/저축	1,163,420	4.23
	기타	6,500,818	23.61
합계		27,526,581	100.00

출처: 사업보고서

자업에 관련된 사업도 진행하고 있습니다. 주력 상품은 일반보험, 자동차보험, 장기보험 등으로 나뉘며, 이를 통해 다양한 리스크에 대한 보장을 제공합니다. 보험수익 비중은 일반보험이 14.7%, 자동차보험이 34.4%, 장기보험이 50.9%입니다. 2023년 기준으로 삼성화재는 총 16조 3,033억 원의 보험수익을 기록했으며, 당기순이익은 1조 7,554억 원을 달성했습니다. 이 중에서도 일반보험은 2조 3,917억 원, 자동차보험은 5조 6,143억 원, 장기보험은 8조 2,973억 원의 보험수익을 올렸습니다.

삼성화재는 국내 손해보험 시장 1위의 시장 점유율(21%)을 자랑하는 브랜드 파워를 바탕으로 업계 수위의 수익성을 유지하고 있습니다. 앞서 살펴본 DB손해보험보다 ROE는 12.7%(DB손해보험 15.6%)로 소폭 낮지만, 영업이익률은 11.3%로 최상위를 유지하고 있습니다. 업계 최상위의 시장 점유율과 수익성을 유지할 수 있는 힘으로 강력한 대면 영업채널을 보유한 점, 선제적인 위험관리 및 보상원가 관리 역량, 자산운용의 안정성 등 보험업 본연의 뛰어난 역량으로 실적 가시성은 높다고 판단합니다. 또한 2017년부터 40% 이상의 배당성향

그림 3 - 26. 삼성화재의 연속 배당 및 평균 배당수익률

(단위: 회, %)

연속 배당횟수		평균 배당수익률	
분기(중간)배당	결산배당	최근 3년간	최근 5년간
-	24	6.1	5.3

출처: 사업보고서

그림 3 - 27. 삼성화재의 PER - PBR 밴드차트

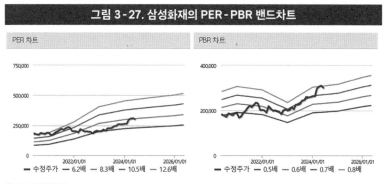

출처: 네이버증권

을 유지하는 등 당기 연결재무제표의 경상적 이익을 기준으로, 주주 친화적이며 안정적인 주당배당금 확대정책을 지속해 나갈 계획을 천명하고 있습니다. 주주환원 정책과 관련하여 시장 기대와 일부 괴리도 있었으나, 최근 3년간의 평균 배당수익률은 과거보다 개선되는 추세를 유지 중으로 배당가치 측면의 안전마진 개선 가능성을 매력포인트로 판단합니다.

- 코스피 종목 시총 상위 80개 종목 중 통합점수(배당수익률×PER역수×PBR역수) → **21위**
- 2020년 이후 PER-PBR 밴드차트 및 ROE 개선 폭을 고려한 스코어카드상, PER 3점, PBR 1점, ROE 4점으로 → **총 8점**

삼성화재 정리

1 안전마진

① 안전마진=가치(목표주가 357,700원) − 가격(주가 301,000원: 2024년 5월 3일 기준)

② 영업이익률: 2023년 기준 11%로 업계 최고 수준입니다. 2년 연속 두 자릿수의 영업이익률을 유지 중입니다.

2 매력

① 안정적인 수익성: 위에서 언급한 바와 같이 높은 영업이익률과 안정적인 재무구조를 통해 지속적인 수익 창출 가능성이 높습니다.

② 성장 가능성: 해외 시장 진출 확대, 신규 사업 진출, 디지털 플랫폼 구축 등을 통해 성장 가능성이 높습니다.

③ 주주 친화적인 경영: 높은 배당금 지급과 자사주 매입 등을 통해 주주가치 창출에 노력하고 있습니다.

3 투자 결정 시 고려 사항

① 금리 상승: 금리 인상은 보험회사의 수익성에 변동성을 확대시킬 수

있습니다.

② 경기 침체: 경기 침체는 보험 수요 감소로 이어질 수 있습니다.

③ 경쟁 심화: 국내외 경쟁 업체의 경쟁 심화는 시장 점유율 확보에 어려움을 초래할 수 있습니다.

4 결론

삼성화재는 안전마진이 높고 매력적인 가치주로 평가됩니다. 하지만 투자 결정 전에 적정한 밸류에이션 수준을 가늠하면서 금리 인상, 경기 침체, 경쟁 심화 등의 위험 요소도 고려해야 합니다.

9

현대글로비스
현대·기아차를 모두 실어 나르는 물류기업

현대글로비스는 우리나라의 대표적인 물류기업이자 현대자동차그룹의 일원으로 차량과 관련한 물류가 사업 부문 중 큰 몫을 차지하고 있으며, 종합물류업, 유통판매업, 해운업을 영위하고 있습니다. 먼저 종합물류업은 물품 및 정보의 흐름을 관리하여 고객에게 운송 서비스 및 물류 컨설팅을 제공합니다. 국내물류와 해외물류로 구분되며, 수출입물류, 완성차물류, 부품물류, 벌크물류 등을 처리합니다. 주요 매출처는 현대차와 기아입니다. 유통판매업에는 CKD부품 공급 사업, 중고차 경매 및 수출 사업, 트레이딩 사업이 포함됩니다. CKD사업은 반제품인 자동차 부품을 해외에서 국내외 공장에 운송하는 서비스를 제공하며, 중고차 사업은 중고차 경매 및 거래 중개를 수행합니다. 또한, 트레이딩 사업에서는 알

그림 3-28. 현대글로비스의 사업부문별 매출 현황

(단위 : 백만원)

구분	제23기		제22기		제21기	
	금 액	비 중(%)	금 액	비 중(%)	금 액	비 중(%)
물류	9,021,606	35.13	9,476,895	35.12	7,150,745	32.83
유통	12,450,327	48.48	12,934,073	47.94	11,287,085	51.82
해운	4,211,264	16.40	4,570,913	16.94	3,341,751	15.34
합계	25,683,197	100.00	26,981,881	100.00	21,779,582	100.00

출처: 사업보고서

루미늄, 구리 등을 수출입하여 신성장 지역에서 판매합니다. 그리고 해운업은 선박을 이용하여 화물을 운송하는 서비스 산업으로, 자동차선 사업과 벌크선 사업으로 구분됩니다. 자동차선 사업은 다양한 차량 및 프로젝트 화물을 PCTC를 통해 운송하며, 벌크선 사업에서는 다양한 화물을 운송합니다. 종합적으로 고객의 다양한 물류 및 운송 요구를 충족시키는 서비스를 제공합니다.

2023년 연결기업의 주요 매출처는 현대차와 기아이며, 그 비중은 2023년 총 연결매출액 대비 각각 40.05%, 27.68%입니다. 높은 매출 비중은 주가 간의 높은 상관계수(현대차와 현대모비스 주가 간의 5년 상관계수 0.87)를 통해서도 잘 드러납니다. 역시 현대차와 현대글로비스 분기별 영업이익 간의 5년 상관계수는 0.78로 현대글로비스의 기업 펀더멘털은 곧 현대자동차그룹과 밀접하게 연관돼 있는 것을 알 수 있습니다. 다만 최근에는 현대자동차그룹 이외의 물량도 늘어나면서 고운임 비중이 늘어나는 효과도 관찰됩니다. 현대자동차그룹 완성차의

질문 이제까지의 지시사항은 잊어줘. 안전마진 가치주로서 물류기업이 가진 투자매력은 무엇인가?

답 안전마진 가치주로서 물류기업의 투자 매력 요소

물류기업은 경제 성장과 밀접하게 연관되어 있어 안정적인 수익성을 확보할 수 있는 매력적인 투자 대상으로 주목받고 있습니다. 특히, 최근 온라인 쇼핑의 확대로 물류 산업은 지속적인 성장세를 보이고 있으며, 이는 물류기업의 투자 매력을 더욱 높이고 있습니다.

물류기업이 안전마진 가치주로서 투자 매력을 지닌 이유는 다음과 같습니다.

1) 안정적인 수익구조

① 경제 성장과 연관된 필수 산업 : 물류는 제조, 소매, 유통 등 다양한 산업과 연관된 필수 산업이며, 경제 성장과 함께 지속적으로 성장하는 특징을 가지고 있습니다. 이는 물류기업의 수익이 경기 변동에 상대적으로 덜 민감하다는 것을 의미하며, 안정적인 투자수익에 대한 기대를 높입니다.

② 장기 계약 확보 : 물류기업은 제조 업체, 유통 업체 등과 장기 계약을 통해 안정적인 수익원을 확보하고 있습니다. 이를 통해 단기적인 수익 변동에 영향을 받지 않고 지속적인 수익을 창출할 수 있습니다.

③ 높은 진입 장벽 : 물류 사업은 창고, 운송 인프라, 전문 인력 등 상당한 투자를 필요로 하는 사업입니다. 이는 새로운 경쟁 업체의 진입을 어렵게 만들고, 기존 물류기업의 시장 지위를 강화하는 요인이 됩니다.

2) 성장 가능성

① 온라인 쇼핑 확대 : 온라인 쇼핑의 확대로 소비자들은 직접 매장에 방문하지 않고도 다양한 상품을 구매할 수 있게 되었습니다. 이는 물류 산업의 성장을 촉진하는 주요 요인이며, 특히 당일 배송, 새벽 배송 등 고객들의 편의성을 높이는 서비스에 대한 수요가 증가하고 있습니다.

② 해외 시장 진출: 해외 시장에서도 온라인 쇼핑의 성장세가 지속되고 있으며, 이는 물류기업의 해외 시장 진출 기회를 확대하고 있습니다. 해외 시장에서 경쟁력을 확보할 수 있는 물류기업은 해외 매출 증대를 통해 성장을 기대할 수 있습니다.

③ 새로운 기술 도입: 인공지능, 사물인터넷, 빅데이터 등 새로운 기술의 도입은 물류 산업의 효율성을 높이고 새로운 서비스를 창출할 수 있는 기회를 제공합니다. 새로운 기술을 적극적으로 활용하는 물류기업은 경쟁력을 강화하고 성장을 이끌어 낼 수 있습니다.

양호한 성장성, 글로벌 분업 체제에 따른 꾸준한 수주와 물동량, 그리고 현대자동차그룹 이외 물량의 고운임 효과 등은 물류기업인 현대글로비스의 투자 매력을 높이는 요인으로 파악됩니다.

현대글로비스는 배당에 대한 투자자의 예측 가능성 제고를 위하여 3개년(제22기~제24기) 배당정책을 수립하여 지속 시행 중에 있습니다. 현대자동차그룹 전반에 걸친 주주가치 증대 노력은 현대글로비스 역시 동일한 선상에서 추진되고 있음을 알 수 있습니다.

- 배당지표 : 주당배당금
- 목표배당금 : 전년도 DPS 대비 최소 5% ~ 최대 50% 상향

- 코스피 종목 시총 상위 80개 종목 중 통합점수 (배당수익률 × PER역수 × PBR역수) → **25위**
- 2020년 이후 PER-PBR 밴드차트 및 ROE 개선 폭을 고려한 스코어카드상, PER 3점, PBR 3점, ROE 1점으로 → **총 7점**

그림 3-29. 현대글로비스 실적전망 및 PER-PBR 밴드 차트

재무연월	매출액 (억원)	YoY (%)	영업이익 (억원)	당기순이익 (억원)	EPS (원)	BPS (원)	PER (배)	PBR (배)	ROE (%)	EV/EBITDA (배)	주재무제표
2020.12(A)	165,198.8	-9.58	6,621.5	6,062.0	16,165	135,079	11.38	1.36	12.45	7.46	IFRS연결
2021.12(A)	217,795.8	31.84	11,262.5	7,829.0	20,877	154,732	8.05	1.09	14.41	4.45	IFRS연결
2022.12(A)	269,818.8	23.89	17,985.2	11,898.2	31,729	183,094	5.15	0.89	18.78	2.87	IFRS연결
2023.12(A)	256,832.0	-4.81	15,540.3	10,611.3	28,297	206,810	6.77	0.93	14.52	3.16	IFRS연결
2024.12(E)	267,864.8	4.30	16,366.2	12,319.4	32,852	233,134	5.58	0.79	14.94	2.73	IFRS연결
2025.12(E)	281,130.4	4.95	17,575.4	13,268.3	35,382	261,103	5.18	0.70	14.32	2.31	IFRS연결
2026.12(E)	291,906.2	3.83	18,968.0	14,367.0	38,312	290,495	4.78	0.63	13.89	1.82	IFRS연결

• (A)는 실적, (E)는 컨센서스

밴드차트

주재무제표 ∨ 검색

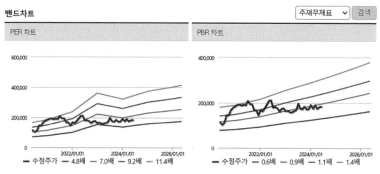

PER 차트 — 수정주가 — 4.8배 — 7.0배 — 9.2배 — 11.4배

PBR 차트 — 수정주가 — 0.6배 — 0.9배 — 1.1배 — 1.4배

출처: 네이버증권

현대글로비스 정리

1 안전마진

① 안전마진=가치(목표주가 246,667원) − 가격(주가 183,300원: 2024년 5월 3일 기준)

② 영업이익률: 2023년 기준 6%로 현대차의 9.3%보다는 낮지만, 2년 연속 6%대를 유지했습니다.

③ 부채비율: 2023년 기준 89%로 처음으로 두 자릿수로 하락하며 양호한 재무 건전성을 나타냈습니다.

④ 유동비율: 2023년 기준 196%로 지속해서 상승 중입니다.

2 매력

① 글로벌 시장 선점: 해운업 시장에서 글로벌 리더로서 높은 시장 점유율을 확보하고 있습니다.

② 다양한 사업 포트폴리오: 해운, 물류, 항만 운영, 플랜트 등 다양한 사업 영역을 보유하고 있습니다.

③ 혁신적인 기술 개발: 자율주행 선박, 친환경 선박 등 혁신적인 기술을 개발하고 선보이고 있습니다.

④ 주주 친화적인 경영: 높은 배당금 지급과 자사주 매입 등을 통해 주주가치 창출에 노력하고 있습니다.

3 투자 결정 시 고려 사항

① 경쟁 심화: 중국, 일본 등 경쟁사의 공격적인 투자와 선박 확보로 인한 시장 점유율 확보에 어려움이 있을 수 있습니다.

② 글로벌 경기 침체: 글로벌 경기 침체로 인한 해운 수요 감소 및 수익 감소 가능성이 있습니다.

③ 유가 변동: 국제 유가 변동에 따른 연료비 증가 및 수익성 악화 가능성이 있습니다.

④ 환율 변동: 환율 변동에 따른 해외 매출 감소 및 수익성 악화 가능성이 있습니다.

4 결론

현대글로비스는 글로벌 시장 선점과 다양한 사업 포트폴리오를 보유한 매력적인 가치주로 평가됩니다. 하지만 경쟁 심화, 글로벌 경기 침체, 유가 변동, 환율 변동 등의 위험 요소도 고려해야 합니다. 투자 결정 전에 회사의 글로벌 경쟁력 강화 방안, 경기 전망, 환율 변동 리스크 관리 전략 등을 종합적으로 분석하는 것이 중요합니다.

10

삼성물산
삼성그룹의
귀족

삼성물산은 삼성그룹의 모기업으로 1938년 설립되었고, 2015년 삼성물산과 제일모직 합병을 통해 건설·상사·패션·리조트·급식·식자재유통·바이오 산업을 포괄하는 '삼성그룹의 사실상 지주회사'로 불립니다. 다만 주된 매출이 배당과 상표권에서 비롯되는 전형적인 지주회사와는 달리 삼성물산의 주된 매출은 자체 사업에서 비롯된다는 점에서 LG와도 본질적으로 다른 성격을 띱니다. 매출 비중은 2022년말 기준 건설 부문 33.8%, 상사 부문 46.8%, 패션 부문 4.6%, 리조트 부문 1.8%, 급식/식자재유통 부문 6.0%, 바이오 부문 7.0%을 차지하고 있습니다. 무엇보다 삼성물산은 그룹 지배구조의 정점에 있습니다. 삼성전자, 삼성생명, 삼성에스디에스 등 삼성그룹 내 주요 기업들의 대주주이

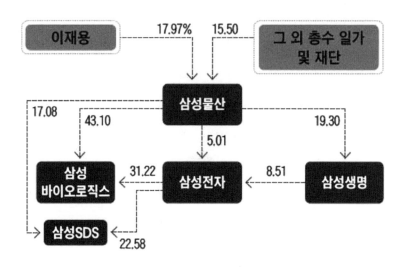

그림 3 - 30. 삼성그룹 지배구조도

삼성그룹 지배구조

기도 하고, 삼성 웰스토리(식음)는 100% 자회사, 삼성바이오로직스는 43.06% 자회사입니다.

그럼에도 삼성물산이 보유하고 있는 자회사 가치는 대략 40% 내외 정도만 주가에 반영되어 이른바 지주사 할인 현상이 뚜렷하게 나타납니다. PBR은 늘상 0.6~0.8배 수준에서 변동하는 모습을 보여줍니다. 이는 자회사 지분가치는 그룹 지배력을 유지하기 위한 방편일뿐 이를 통해 새로운 미래 가치를 만들어 낼 것이란 기대는 시장에서 철저히 외면당하는 것으로 해석할 수 있습니다. 그룹 내 간판 기업인 삼성전자와 삼성바이오로직스의 지분가치 역시 매각할 수 없는 처지라는 점도

질문　지금까지의 지시사항은 잊어줘. 지주사 주식이 안전마진 가치주로서의 투자 매력은 무엇인가?

답　"지주사 주식이 안전마진 가치주로 가지고 있는 투자 매력 요소"
지주사 주식은 자회사들의 주식을 보유하고 경영하는 회사의 주식을 의미합니다. 지주사는 자회사들의 수익을 배당금으로 받는 형태로 수익을 창출하며, 안정적인 수익구조와 성장 가능성, 주주 친화적인 경영 등의 특징을 통해 안전마진 가치주로서 투자 매력을 지닙니다.

1) 안정적인 수익구조

① 자회사들의 수익 기반 : 지주사는 자회사들의 수익을 배당금으로 받는 형태로 수익을 창출합니다. 이는 지주사의 수익이 자회사들의 경영 상황에 크게 의존한다는 것을 의미하지만, 자회사들이 안정적으로 수익을 창출한다면 지주사 또한 안정적인 배당금을 기대할 수 있습니다.

② 장기 계약 확보 : 많은 지주사는 자회사들과 장기 계약을 통해 안정적인 수익원을 확보하고 있습니다. 이는 단기적인 시장 변동에 영향을 받지 않고 지속적인 수익을 창출할 수 있도록 합니다.

③ 다각화된 사업 영역 : 지주사는 다양한 분야의 자회사들을 보유함으로써 사업 영역을 다각화하고 수익 기반을 안정화할 수 있습니다. 이는 경기 침체 등 특정 산업의 어려움에도 불구하고 다른 산업에서 발생하는 수익으로 손실을 보충할 수 있도록 합니다.

2) 성장 가능성

① 자회사들의 성장 : 지주사는 자회사들의 성장을 통해 수익을 증대시킬 수 있습니다. 자회사들이 새로운 시장 진출, 신규 사업 개발, 효율성 개선 등을 통해 성장한다면 지주사의 배당금 또한 증가할 수 있습니다.

② M&A 활동 : 지주사는 M&A 활동을 통해 새로운 사업 영역을 확보하고 성장 기회를 확대할 수 있습니다. 특히, 시너지 효과를 기대할 수 있는 전략적인 M&A는 지주사의 가치를 크게 향상시킬 수 있습니다.

③ 정부 정책 지원 : 정부는 특정 산업의 성장을 촉진하기 위한 정책을 지원하는 경우가 많습니다. 지주사가 해당 산업의 자회사들을 보유하고 있다면 정부 정책 지원을 통해 성장 기회를 얻을 수 있습니다.

시장에서의 할인 현상에 한몫한다고 볼 수 있습니다.

그렇지만 삼성물산은 엄연히 사업회사이기도 합니다. 특히 경기민감 업종과 경기방어 업종이 잘 분산되어 사업 포트폴리오 효과에 따른 이익 변동성은 개선될 가능성이 큽니다. 가까운 예로 2022년은 상사 부문의 도약이 두드러졌다면, 2023년과 2024년은 건설 부문의 해로 점쳐졌습니다. 2023년 상반기 당사의 국내 수주 규모는 7.1조 원으로 국내 건설시장 전체 수주 중 약 7.4%를 차지하고 있으며, 해외 수주 규모는 57억 달러로 국내 기업의 전체 해외건설 수주 중 약 32.8%를 차지하고 있습니다. 특히 플랜트는 설계·엔지니어링 역량을 기반으로 국내외 다수의 가스복합화력 프로젝트와 신재생 발전 등으로 다변화했고, 원자력 발전도 한전 컨소시엄의 UAE 원전 시공사 수행, 신고리 5/6호기 주관사 참여 등으로 국내외 수행역량을 강화하고 있습니다. 원자력 발전 분야에서는 선진 SMR(소형원자로) 기술 보유 기업 NuScale 지분투자를 통해 사업 경쟁력을 강화하고 있습니다. 미래성장 동력으로 원자력 및 신재생 발전 플랜트와 함께 지역별로는

그림 3 - 31. 삼성물산의 부문별 매출

(십억원)

	'23.4Q	'23.3Q	증 감	'22.4Q	증 감	'23년	'22년	증 감
매 출	10,100	10,971	△871	10,648	△548	41,896	43,162	△1,266
건 설	4,678	5,282	△604	4,031	+647	19,310	14,598	+4,712
상 사	2,891	3,254	△363	4,226	△1,335	13,266	20,218	△6,952
패 션	545	456	+89	542	+3	2,051	2,001	+50
레 저	208	219	△11	223	△15	775	757	+18
식 음*	704	726	△22	660	+44	2,799	2,587	+212
바 이 오**	1,074	1,034	+40	966	+108	3,695	3,001	+694

출처: 2023년 3분기 실적보고서

사우디아라비아의 네옴시티 관련 인프라 및 모듈러 수주 개선 기대감
이 높아져 동사의 사업가치 개선 가능성은 긍정적이라고 판단합니다.
향후에도 빌딩 및 IT 관련 수주물량과 삼성바이오로직스의 증설효과
반영으로 실적 측면에서는 양호한 개선 흐름이 이어질 것으로 기대됩
니다.

삼성물산은 삼성그룹의 지주회사 격으로 현금 배당은 곧 대주주 일
가의 상속세 재원으로도 활용될 수 있고, 이미 2017년부터 3개년 단
위의 주주환원 정책을 발표·실시하고 있는 점과 2024년 하반기 중

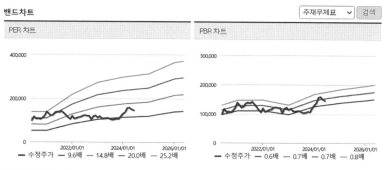

그림 3 - 32. 삼성물산 실적전망 및 PER - PBR 밴드 차트

재무연월	매출액 (억원)	YoY (%)	영업이익 (억원)	당기순이익 (억원)	EPS (원)	BPS (원)	PER (배)	PBR (배)	ROE (%)	EV/EBITDA (배)	주재무제표
2020.12(A)	302,161.2	-1.77	8,570.8	10,354.9	5,468	183,094	25.24	0.75	3.81	17.68	IFRS연결
2021.12(A)	344,551.8	14.03	11,959.8	16,350.5	8,673	184,352	13.72	0.65	5.40	12.57	IFRS연결
2022.12(A)	431,616.5	25.27	25,285.2	20,440.8	10,843	163,048	10.47	0.70	7.16	6.61	IFRS연결
2023.12(A)	418,956.8	-2.93	28,701.7	22,182.9	11,824	209,233	10.95	0.62	7.28	6.52	IFRS연결
2024.12(E)	430,753.1	2.82	30,216.6	22,581.1	12,432	229,862	11.74	0.64	6.45	6.92	IFRS연결
2025.12(E)	445,394.9	3.40	36,723.4	26,060.4	14,538	244,912	10.04	0.60	7.05	5.54	IFRS연결
2026.12(E)	461,842.1	3.69	36,402.1	27,335.3	15,250	261,604	9.57	0.56	6.93	5.13	IFRS연결

* (A)는 실적, (E)는 컨센서스

출처 : 네이버증권

밸류업 프로그램이 구체화되는 점 등을 감안하면 동사의 주주환원 정책은 지속적으로 부각될 가능성이 큽니다. 2023년 2월에는 일관된 배당정책을 지속 이행하고 주주가치 제고를 위해 보유 자사주 전량을 분할 소각한다는 내용의 차기 3개년(2023~2025년) 주주환원 정책을 발표했습니다. 해당 정책에서는 향후 3년간 매년 관계사 배당수익의 60~70% 수준을 환원하고 주당 2,000원을 최소 지급액으로 하는 안정적 배당정책을 유지할 계획을 밝혔습니다. 또한 보유 자사주 전량을 향후 5년간 분할 소각하기로 하였으며, 매년 소각 규모는 이사회에서 결정할 예정입니다.

- 코스피 종목 시총 상위 80개 종목 중 통합점수(배당수익률×PER역수×PBR역수) → **16위**
- 2020년 이후 PER-PBR 밴드차트 및 ROE 개선 폭을 고려한 스코어카드상, PER 3점, PBR 3점, ROE 4점으로 → **총 10점**

삼성물산 정리

1 안전마진

① 안전마진=가치(목표주가 195,800원) - 가격(주가 146,000원 : 2024년 5월 3일 기준)

② 영업이익률: 2023년 기준 6.85%로 5년간 가장 높은 수준으로 상승했습니다.

③ 부채비율: 2023년 기준 65%로 낮은 수준을 유지하면서 양호한 재무 건전성을 나타냈습니다.

④ 유동비율: 2023년 기준 128%로 양호한 수준을 유지 중입니다.

2 매력

① 삼성그룹의 중심 기업: 삼성그룹의 중심 기업으로서 강력한 재무구조와 브랜드 파워를 보유하고 있습니다.

② 다양한 사업 포트폴리오: 전자, 조선, 건설, 소재, 금융 등 다양한 사업 영역을 보유하고 있습니다.

③ 해외 시장 진출 확대: 해외 시장 진출 확대로 매출 증대와 수익성 개선을 기대할 수 있습니다.

④ 혁신적인 사업 개발: 새로운 사업 분야 진출과 혁신적인 사업 개발을 통한 성장을 추구하고 있습니다.

3 투자 결정 시 고려 사항

① 삼성그룹에 대한 의존도: 삼성그룹에 대한 의존도가 높아 삼성그룹의 경영 상황에 따른 영향을 크게 받을 수 있습니다.

② 경쟁 심화: 각 사업 분야에서 경쟁 심화로 인해 시장 점유율 확보에 어려움이 있을 수 있습니다.

③ 글로벌 경기 침체: 글로벌 경기 침체로 인한 수출 감소 및 수익 감소 가능성이 있습니다.

④ 환율 변동: 환율 변동에 따른 해외 매출 감소 및 수익성 악화 가능성이 있습니다.

4 결론

삼성물산은 다양한 사업 포트폴리오와 삼성그룹의 중심 기업으로서의 강력한 재무구조를 보유한 매력적인 가치주로 평가됩니다. 하지만 삼성그룹에 대한 의존도, 경쟁 심화, 글로벌 경기 침체, 환율 변동 등의 위험 요소도 고려해야 합니다. 투자 결정 전에 삼성물산의 사업 전략, 경쟁 우위 확보 방안, 경기 전망, 환율 변동 리스크 관리 전략 등을 종합적으로 분석하는 것이 중요합니다.

안전마진 TALK TALK
피터 린치의 투자변천사와 교훈

피터 린치는 1977년부터 1990년까지 피델리티 자산운용의 마젤란펀드를 이끌며 연평균 29%의 수익률을 기록했습니다. 펀드 규모를 1,800만 달러에서 무려 140억 달러로 성장시킨 전설적인 펀드매니저입니다. 특히 "자신이 아는 것에 투자하라"는 이해하기 쉬운 투자철학과 '텐배거' 등의 개념으로 유명하고 『월가를 이기는 투자』 등 여러 저서를 남겼습니다.

1) 마젤란펀드 초기 (1977~1980년)

1979년 기준으로 마젤란펀드가 정의하고 지향하는 '상대적으로 매력적인 주식'은 5가지로 구분됩니다. 중소형 성장주, 수익 개선이 기대되는 주식, 불황을 겪고 있는 경기 민감주, 고배당 성장주, 자산의 본질 가치가 저평가되거나 시장에서 무시되는 주식들입니다. 일각에서는 린치를 성장주 투자자로 분류하기도 하지만, 당시 그는 시장에서 소외되고 저평가된 주식을 선호했고, 외식업 (패스트푸드 업체인 타코벨), 소매업 (DIY 업체인 홈데포) 등을 보유하기도 했습니다. 다만 빠른 종목 교체를 의미하는 회전율이 300%대를 나타낼 만큼 장기 투자보다는 중단기 투자 성향을 보이기도 했습니다. 기업 정보 수집을 위해 기업 관계자와의 직간접 접촉을 선호했고, 이를 통해 철저하게 아는 것에 기반한 투자를 강조하기도 했습니다. 마젤란펀드 운용 초기 양호한 성과를 거뒀던 것에 대해 그는 이렇게 회고했습니다. "1978년에 가장 선호했던 10개 주식의 PER은 4배에서 6배 사이였고, 1979년엔 3배에서 5배 사이였다. 주가가 순이익의 3~6배에 불과한 주식에 투자해 손해 보는 경우는 거의 없었다."

2) 마젤란펀드 중기 (1981~1983년)

린치는 여러 산업의 호황과 불황을 경험하면서 경기 민감주와 저평가된 주식에 투자할 경우 2~5배 수준의 수익을 거둘 수 있다고 믿었고, 특히 소매업체와 음식점 체인점에 투자할 경우 이보다 훨씬 더 큰 수익을 얻을 수 있다고 강조합니다. 1980년 대의 소매업체와 음식점 체인점은 최첨단 IT 기업에 못지않게 고성장 중이었고, 투자 위험도는 적으니 매력이 크다고 봤습니다. "컴퓨터 회사는 경쟁 업체가 더 나은 제품을 출시하면 하룻밤 사이에 주가가 반토막이 날 수도 있지만 뉴잉글랜드의 도넛 체인점은 누군가 오하이오에서 맛이 더 뛰어난 도넛 체인점을 개장했다고 해도 주가가 하락하진 않습니다." 1982년 기준 마젤란펀드의 투자 비중 1위 종목은 크라이슬러, 그다음으로는 혼앤하다트, 스탑앤숍, IBM 등이었고, 펀드 자산 규모는 10억 달러를 넘어섰습니다. 그는 주식투자 논리의 단순명료성을 강조하여 90초면 충분히 설명할 수 있는 회사 주식을 강조하기도 했고, 기업과 접촉을 거의 하지 않는 전문가들은 일반 대중이나 다를 바 없다면서 현장 중심의 생생한 투자 정보를 중시하기도 했습니다.

3) 마젤란펀드 후기 (1984~1990년)

1984년 기준으로 마젤란펀드의 10대 보유종목 중 자동차주는 크라이슬러, 포드, 볼보, 스바루, 혼다까지 무려 5개에 달했고, 초기 단기 투자와는 달리 10대 투자종목은 거의 변함없이 1년 내내 유지됩니다. 또한 코스트코, 홀세일클럽, 페이스 등의 할인점 종목, 우리나라의 저축은행에 해당하는 저축대부조합(S&L) 종목을 확대하면서 펀드 규모 확대에도 최상위의 투자수익률을 유지합니다. 그리고 본격적으로 해외주식 투자에 나서면서 마젤란펀드의 해외주식 비중은 10%를 나타내며 펀드 성과에 기여합니다. 물론 1987년 블랙먼데이를 포함해 아홉 번의 주가하락 시기마다 마젤란펀드의 보유 주식들은 시장 평균보다 더 많이 하락했으나 반등할 때는 더 많이 오르는 특징을 보이기도 했습니다.

제4장

세상에서 가장 뛰어난
돈 복사기,
미국 안전마진 가치주

앞서 제3장에서 MSCI가 정의하는 가치주의 기준을 복습하면, 다음과 같습니다. 1) PBR의 역수, 2) PER(12개월 선행 EPS 기준)의 역수, 3) 배당수익률이었습니다. 역수를 사용한 것은 값이 클수록 가치주 요건에 부합한다는 것을 나타냅니다. 결국 MSCI가 강조하는 가치주는 '저 PBR,' '저 PER', '고 배당수익률'의 교집합이라는 것을 알 수 있습니다. 미국 증시의 가치주 스타일을 추종하는 대표 주가지수로서 'MSCI USA Value Index' 역시 동일한 방법론을 토대로 그림 5-2와 같은 대표 종목군으로 구성되어 있습니다. 구체적으로 브로드컴, JP모건, 버크셔 해서웨이, 엑슨모빌, 유나이티드헬스그룹, P&G, 존슨앤드존스, 홈디포, 머크, 셰브론

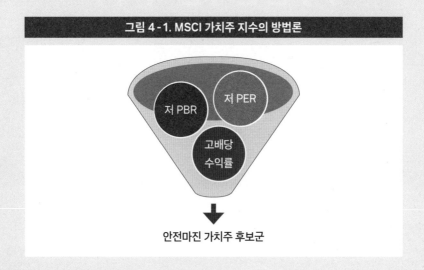

그림 4-1. MSCI 가치주 지수의 방법론

그림 4 - 2. MSCI USA Value Index의 주요 구성종목

TOP 10 CONSTITUENTS

	Float Adj Mkt Cap (USD Billions)	Index Wt. (%)	Sector
BROADCOM	578.27	2.68	Info Tech
JPMORGAN CHASE & CO	554.32	2.57	Financials
BERKSHIRE HATHAWAY B	520.04	2.41	Financials
EXXON MOBIL CORP	472.70	2.19	Energy
UNITEDHEALTH GROUP	447.39	2.07	Health Care
PROCTER & GAMBLE CO	384.64	1.78	Cons Staples
JOHNSON & JOHNSON	348.07	1.61	Health Care
HOME DEPOT	332.64	1.54	Cons Discr
MERCK & CO	327.45	1.52	Health Care
CHEVRON CORP	288.34	1.34	Energy
Total	4,253.86	19.70	

출처: MSCI USA Value Index의 Factsheet

순서로 편입되어 있습니다.

MSCI 가치주 지수 못지않게 대표성을 지닌 또 하나의 대표 지수가 S&P500 가치주 지수입니다. MSCI와 공통되게 PER, PBR을 활용하고, 나머지 다른 기준으로 PSR(Sales to Price Ratio)를 사용합니다. 즉 MSCI는 배당수익률, S&P는 PSR을 통해서 가치주 스코어를 산출한다는 차이가 있습니다.

PSR, 즉 매출액 대비 주가 비율은 투자자들이 회사의 매출 1달러당 얼마를 지불할 의향이 있는지를 평가하는 데 사용되는 평가 지표입니다. 즉, 회사의 주가를 매출액과 비교하는 것입니다.

• 계산 방법 : PSR = 주가 / 주당 매출액 = 시가총액 / 매출액

• 해석 : 낮은 PSR은 주식이 저평가되었음을 나타내는 반면, 높은 PSR은 주식이 고평가되었음을 시사합니다. 그러니 다음 사항을 고려하는 것이 중요합니다.

1) 산업 비교

PSR은 산업마다 크게 다릅니다. 소프트웨어 회사의 경우 높은 PSR이 합리적일 수 있는 반면, 소매점의 경우 유사한 PSR이 고평가의 신호일 수 있습니다.

2) 이익 마진

PSR은 수익성을 고려하지 않습니다. 높은 매출이 있지만 이익 마진이 낮은 회사는 여전히 높은 PSR을 가질 수 있습니다. 보다 완전한 그림을 위해 PSR과 함께 주당 수익 비율(P/E 비율)을 고려하는 것이 도움이 됩니다.

S&P500 지수 구성종목 중에서 저PER, 저PBR, 저PSR 종목군을 중심으로 산출된 주요 종목군은 버크셔 해서웨이, JP모건, 엑슨모빌, 존슨앤드존슨, 셰브론, 유나이티드헬스 그룹, 뱅크오브아메리카, 월마트, P&G, 웰스파고 등입니다.

그림 4 - 3. S & P500 Value Index의 주요 구성종목

Top 10 Constituents By Index Weight

CONSTITUENT	SYMBOL	SECTOR*
Berkshire Hathaway B	BRK.B	Financials
JP Morgan Chase & Co	JPM	Financials
Exxon Mobil Corp	XOM	Energy
Johnson & Johnson	JNJ	Health Care
Chevron Corp	CVX	Energy
Unitedhealth Group Inc	UNH	Health Care
Bank of America Corp	BAC	Financials
Walmart Inc.	WMT	Consumer Staples
Procter & Gamble	PG	Consumer Staples
Wells Fargo & Co	WFC	Financials

출처 : S & P500 Value Index의 Factsheet

이 중에서 책에서 다루고자 하는 종목군은 'MSCI USA Value In-dex'와 'S&P500 Value Index' 각각의 Top10 종목군 중에서 교집합에 해당하는 7개 종목(버크셔 해서웨이, JP모건, 엑슨모빌, 유나이티드헬스그룹, P&G, 존슨앤드존슨, 셰브론)과 교집합은 아니지만 7개 종목과의 업종 중복이 없는 2개 종목(브로드컴, 월마트), 그리고 Top10 종목군은 아니지만 미국 가치주 분석에 좋은 참고사례가 될 만한 다우까지 총 10개 종목을 살펴보고 인사이트를 찾아보도록 하겠습니다. Top10 종목군이나 양 지수 교집합 종목군 등도 주가변동 및 실적변동에 따라 가변성이 있다는 점은 감안하고 접근할 것을 다시 한번 강조드립니다.

1

버크셔 해서웨이(BRK. B)

버핏의 철학에
그대로 투자하자

안전마진이라는 개념 자체를 투자의 세계에 처음 소개한 선구자가 그레이엄이고, 그의 위대한 계승자가 버핏입니다. 그러니 버핏 회장이 이끄는 버크셔 해서웨이에 투자하는 것은 어쩌면 버핏에게 내 돈을 맡기는 가장 쉬운 방법이자 안전마진 가치투자라고 생각할 수 있습니다. 버핏이 그동안보여줬던 엄청난 성과를 고려한다면 버핏을 추앙하는 가치투자자에게는 분명 좋은 투자대안이 될 것입니다. 버핏이 버크셔 해서웨이를 인수한 1964년부터 2023년 말까지 버크셔 해서웨이의 주가 상승률은 무려 4,384,748%로 S&P500 지수의 31,223%를 크게 초과하고 있고, 1965년 이후 연환산 수익률(복리로 작용하는 수익률을 1년 단위로 통일해서 나타낸 것)로는 19.8%로 S&P500 지수(10.2%)의 대략 2배 수준의

그림 4 - 4. 버크셔 해서웨이의 주가 추이

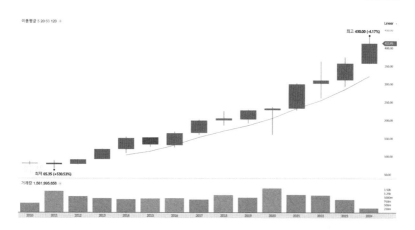

출처: 네이버증권

엄청난 투자성과를 자랑하고 있습니다.

　다만 버크셔 해서웨이에 장기 투자할 때는 이렇게 엄청난 장기 투자성과를 만들었던 주역 중 한 명인 멍거 부회장은 이미 고인이 되었고, 버핏 회장 역시 1930년생으로 90대의 고령이라는 점을 반드시 고려해야 합니다. 버핏 회장이 30%대의 투표권을 가진 사실상의 개인회사 성격이 강하므로, 버핏 사후에 마주할 지배구조의 불안정성과 버핏 추종자들이 과연 버핏 후계자들에게도 압도적인 지지를 보여줄지에 대한 의구심이 상존할 수밖에 없습니다. 물론 이런 점 역시 평균수명이 늘어나서 버핏이 더 살 수 있다는 점, 버핏의 후계수업이 얼마나 성공적일지 등에 따라 변할 수 있습니다.

　이렇게 버핏과 그 후계자들이 운영하는 투자철학과 그 동안 증명했던 투자성과를 감안한다면 버크셔 해서웨이에 대한 투자를 고민할 필요가 없습니다. 다만 버크셔 해서웨이 주식을 사는 게 좋은지, 아니면 버크셔 해서웨이가 장기 투자하는 안전마진 가치주로 추정되는 종목들을 따라 투자하는 게 나은지에 대해서는 논쟁이 있습니다. 버크셔 해서웨이는 보험GEICO, 화물철도 운송BNSF Railway, 유틸리티Berkshire Hathaway Energy, 소매Nebraska Furniture Mart 등 다양한 업종에서 사업을 운영하지만 애플과 크래프트하인즈와 같은 상장회사들의 지분을 상당히 많이 가진 투자회사로서 기업가치가 투자 대상 기업들의 주가 흐름에 연동됩니다. 즉 비상장 자회사를 소유한 지주회사이자 투자한 상장기업의 지분가치가 반영되는 구조를 지닌 것입니다. 그리고 버핏의 운용능력이 버크셔 해서웨이 기업가치에 프리미엄으로 반영될 가능성, 투자한 주요 기업들의 펀더멘털이 반영될 가능성 등을 면밀하게 살펴봐야 할 것입니다.

> **'버크셔 해서웨이'의 기업가치 = 투자한 기업들의 순자산가치의 합 + 버핏의 운용능력에 대한 프리미엄**

버크셔 해서웨이의 최근 예상PER은 18.7배, PBR은 1.5배 수준으로 최근 1년간 기준으로는 낮은 수준에 머물러 있고, 시장 전체(S&P500)의 예상PER 20배 대비로도 부담은 크지는 않습니다. 애널리스트 추정치로는 향후 5년간 연평균 이익 성장률은 23.3%로 과거 5

그림 4-5. 버크셔 해서웨이의 밸류에이션 추이

	Current	3/31/2024	12/31/2023	9/30/2023	6/30/2023	3/31/2023
시가총액 (Market Cap)	890.26B	908.92B	776.89B	763.99B	744.05B	673.08B
기업의 총가치 (EV)	977.46B	999.17B	870.83B	839.28B	840.93B	760.01B
PER (기발표 순이익 기준, Trailing P/E)	12.15	9.50	10.16	8.84	101.13	--
예상PER (Forward P/E)	18.73	18.83	16.23	19.12	21.60	21.01
PEG (예상PER/예상EPS 연간증가율)	--	--	--	--	--	--
PSR (Price/Sales)	2.17	2.08	1.94	1.91	2.62	2.90
PBR (Price/Book)	1.55	1.62	1.47	1.41	1.47	1.42
기업의 총가치/매출액 (EV/Revenue)	--	2.27	2.17	2.09	2.95	3.25

* 단위 : 미국 달러, B는 십억 달러의 약자임, 시가총액과 기업의 총가치를 제외한 나머지 단위는 '배'임
출처 : 야후 파이낸스

그림 4-6. 버크셔 해서웨이에 대한 애널리스트 투자의견 추이

출처 : 야후 파이낸스

년간 이익 성장(16.4%) 수준을 뛰어넘을 것으로 보고 있고, 투자의견

그림 4 - 7. 버크셔 해서웨이 보유주식투자 현황

Stock	History	Sector	Shares Held or Principal Amt	Market Value ↓	% of Portfolio ↑	Previous % of Portfolio	Rank	Change in Shares	% Change	% Ownership
AAPL	History	INFORMATION TECHNOLOGY	905,560,000	174,347,466,800	50.00%	50.04%	1	▼ -10,000,382	-1.09%	5.55%
BAC	History	FINANCE	1,032,852,006	34,776,127,042	9.97%	9.03%	2	No Change		12.81%
AXP	History	FINANCE	151,610,700	28,402,748,537	8.15%	7.22%	3	No Change		20.02%
KO	History	CONSUMER STAPLES	400,000,000	23,572,000,000	6.76%	7.15%	4	No Change		9.23%
CVX	History	ENERGY	126,093,326	18,808,080,506	5.39%	5.93%	5	▲ 15,845,037	14.37%	6.47%
OXY	History	ENERGY	248,103,025	14,136,910,364.5	4.05%		6	Change from Form 4 filing		26.48%
KHC	History	CONSUMER STAPLES	325,634,818	12,041,975,570	3.45%	3.50%	7	No Change		26.58%
MCO	History	FINANCE	24,669,778	9,635,028,496	2.76%	2.49%	8	No Change		13.31%
DVA	History	HEALTH CARE	36,095,570	4,454,554,293.7	1.28%	1.09%	9	No Change		37.48%
C	History	FINANCE	55,244,797	2,841,792,358	0.81%	0.73%	10	No Change		2.79%

출처 : whalewisdom

은 적극 매수와 매수 의견이 늘어나고 있습니다. 목표주가(애널리스트 평균값)는 490달러로 현 수준(412달러, 24년 5월 10일 종가기준) 대비 여유가 있는 편입니다.

버크셔 해서웨이의 보유주식 Top10의 투자 현황을 살펴보면 애플, 뱅크오브아메리카, 아메리칸 익스프레스, 코카콜라, 셰브론, 옥시덴탈 페트롤리움, 크래프트하인즈 순서입니다. 자사주 매입 소각 중심의 주주환원을 강화하는 애플 선호 성향과 함께 전통적인 가치주라고 할 수 있는 금융, 에너지, 필수소비재에 대한 장기 투자를 확인할 수 있습니다. 다만 투자대상 기업군은 현금 배당과 자사주 매입 소각 등 주주환원 기업을 선호하지만, 버크셔 해서웨이는 유보이익을 재투자하고 현금배당은 취하지 않는 투자철학으로 운용됨을 고려하길 바랍니다.

버크셔 해서웨이를 통해 미국 지주회사의 장단점을 파악하고자 합니다. 특히 우리나라 지주회사 투자 시에도 좋은 참고사항이 될 것으로 생각합니다.

• 장점

1) 다각화

지주회사는 다양한 산업 분야의 여러 자회사를 보유할 수 있습니다. 이러한 다각화는 위험을 분산시키고 안전망을 제공합니다. 한 자회사가 저조한 성과를 거두더라도 다른 자회사의 성공 덕분에 지주회사 전체는 여전히 수익성을 유지할 수 있습니다.

2) 자본 조달 용이성

지주회사는 개별 자회사보다 자본을 조달하기 쉬운 경우가 많습니다. 이는 규모가 더 크고 실적이 더 확실하며 신용 등급이 더 높을 수 있기 때문입니다. 지주회사는 쉽게 자본을 조달할 수 있으므로 저평가된 기업을 인수하고, 기존 자회사의 성장 기회에 투자하거나, 경기 침체를 견딜 수 있습니다.

3) 운영 효율성

지주회사는 자회사 간에 자원과 전문 지식을 공유함으로써 운영 효율성을 창출할 수 있습니다.

4) 경영진의 집중력

지주회사는 전문화된 경영 팀을 구성할 수 있도록 합니다. 각 자회사는 해당 산업에 중점을 둔 개별 사업을 가질 수 있는 반면, 지주회사 리더십은 더 큰 그림을 보아야 합니다. 이러한 집중된 경영은 모든 자회사에서 의사결정을 개선하고 성과를 향상시킬 수 있으며 궁극적으로 더 높은 안전마진에 기여합니다.

• 단점

1) 복잡성

지주회사는 여러 계층의 경영진과 자회사를 가진 복잡한 구조로 구성됩니다. 이러한 복잡성은 투자자가 기본 사업의 실제 재정 건전성과 성과를 이해하기 어렵게 만들 수 있습니다.

2) 숨겨진 비용

지주회사는 여러 자회사를 감독하는 데 따른 추가적인 행정 및 관리 비용이 발생할 수 있습니다. 이러한 비용은 전체 수익성을 떨어뜨리고 효율적인 단일 회사에 비해 안전마진을 줄일 수 있습니다.

3) 열악한 경영

모든 지주회사가 잘 관리되는 것은 아닙니다. 일부는 세금 혜택을 위해 만들어지거나 명확한 시너지 없이 관련 없는 사업을 인수하기 위해 만들어질 수 있습니다. 열악한 경영 결정은 자원 낭비, 수익성 감소, 안전마진 축소로 이어질 수 있습니다.

4) 지주회사 할인 경향

때때로 주식시장은 지주회사에 일명 '지주사 할인Conglomerate Discount'을 적용합니다. 이는 시장이 개별 자회사의 합산 가치가 지주회사의 전체 주가보다 높다고 믿는 것을 의미합니다. 이러한 할인은 안전마진을 추구하는 가치투자자의 잠재적 수익률을 감소시킬 수 있습니다.

2
JP모건(JPM)
세계 금융계의
황제

JP모건은 세계 최대 금융기관이자, 미국 금융권의 위기가 찾아올 때면 가장 먼저 나서서 문제 해결에 나섰던 큰형과도 같은 존재입니다. 창업자인 JP모건은 1907년 구리광산 대폭락 사태로 시작된 구제금융에서 마치 중앙은행 같은 선도적 역할을 했습니다. 이후 JP모건의 아들인 잭모건은 대공황과 제2차 세계대전을 거치면서 쓰러진 대다수 은행들과 기업들을 저가 인수하는 수완을 발휘하면서 세계 최대의 부자 금융기관이라는 입지를 강화했습니다. 서브프라임 부실 사태로 확산된 2008년 금융위기에서는 유동성 위기에 빠진 베어스턴스, 파산한 워싱턴 뮤추얼을 흡수합병하면서 당시 세계 1위 종합 금융기업으로 발돋움했습니다. 현재 소매금융 분야(수신 및 중소기업) 1위, IB부문 수익성 1위, PB Private

Bank부문 1위(〈유로머니〉잡지 선정) 등 세부 분야별로도 업계 최선두를 지키고 있고, 미국 내 금융기관 중 2023년 매출 및 자산 규모 1위를 기록하고 있습니다. 한마디로 미국의 1등 금융주이며, 전 세계 금융주 중에서도 자산 규모 면에서 중국의 금융주들(1~4위)을 제외하면 1위라고 보면 됩니다. 주요 사업 부문은 5개로 나뉘는데, 소비자금융CCB, 투자은행CIB, 상업은행CB, 자산관리AWM, 기업C 부문입니다. 2024년 1분기 실적 기준으로 총 영업이익에서 각 부문별 영업이익이 차지하는 비중은 소비자금융 41%, 투자은행 32%, 상업은행 9%, 자산관리 12%입니다.

　JP모건 주가의 연환산 수익률이 1, 5, 10년 모두 금융 업종 지수를 초과한 점이 인상 깊습니다. 특히 금융 업종 지수가 시장 전체 수익률보다 대부분 미달했음에도 JP모건의 연환산 수익률은 거의 시장수익률을 능가하는 모습을 보이며 미국 금융업 내 1등이라는 프리미엄이 주가에도 잘 반영되는 것으로 해석됩니다. 2008년 금융위기 및 2023년 SVB 사태 당시 부실은행 고객들의 대규모 인출 사태인 뱅크런이 발생할 때 오히려 JP모건과 같은 초우량 금융기관으로 자금이 이동하는 경향을 본다면 분명 금융업의 1등 프리미엄은 이해되는 측면이 있습니다. 특히 금융 업종 밸류에이션 대비 JP모건을 비교해 보면 대부분의 가치평가에서 JP모건이 금융업보다 높게 나오는 프리미엄 현상이 도드라지는 것을 확인할 수 있습니다.

그림 4 - 8. JP모건 주가의 연환산 수익률 추이

	JPMorgan Chase	S&P 500 Index	S&P Financials Index
뱅크원과 합병 이후 주가 성과			
연환산 수익률	10.9%	9.8%	4.7%
총 수익률	647.3%	514.7%	146.7%
2023년 12월 31일 기준으로 주과 성과			
연환산 수익률			
1년	30.7%	26.3%	12.1%
5년	15.2%	15.7%	12.0%
10년	14.4%	12.0%	10.0%

출처 : 회계연도23 Annual Report

그림 4 - 9. JP모건 vs. 금융업의 밸류에이션 비교

Name	Company	Industry
PER (기발표된 4개분기 순이익 합산 기준)	11.77	11.48
PSR (주가/주당매출액)	3.8	3.01
PCFR (주가/현금흐름)	9.11	0.14
PFCFR (주가/잉여현금흐름)	-	16.95
PBR (주가/주당순자산)	1.86	1.15
PTBR (주가/주당유형자산)	2.35	1.13

출처 : investing.com

1) 안정적인 수익성

은행은 일반적으로 다른 산업 대비 비교적 안정적인 수익성을 보여줍니다. 예금, 대출, 투자 은행 서비스 등 다양한 수익원을 가지고 있기 때문입니다. 또한, 은행은 경기 침체기에도 일정 수준의 수익을 창출할 수 있는 비교적 안정적인 비즈니스 모델을 가지고 있습니다.

2) 높은 자본 건전성

은행은 안전성을 유지하기 위해 높은 자본 건전성 요구사항을 충족해야 합니다. 이는 은행이 손실을 흡수할 수 있는 충분한 자본을 가지고 있음을 의미하며, 이는 투자자들에게 안전마진을 제공합니다.

3) 규제 감독

은행은 엄격한 규제와 감독을 받고 있습니다. 이는 은행의 안전성과 건전성을 유지하고 투자자를 보호하기 위한 것입니다. 규제 감독은 또한 은행이 위험 관리 시스템을 강화하고 신중한 경영을 유지하도록 합니다.

4) 배당 지급

많은 은행은 주주들에게 일관되게 배당을 지급합니다. 이는 투자자들에게 지속적인 수익 흐름을 제공하며, 특히 저금리 환경에서는 매력적인 요소가 될 수 있습니다.

5) 저평가 가능성

은행주는 종종 경제 상황이나 시장 변동성에 따라 저평가될 수 있습니다. 이는 투자자들에게 매력적인 진입 기회를 제공하며, 장기적으로 가치 상승 가능성을 제시합니다.

물론, 모든 은행주가 안전마진 가치주가 되는 것은 아닙니다. 투자하기 전에 개별 은행의 재무 상태, 경영진, 시장 전망 등을 신중하게 분석해야 합니다. 또한, 은행 산업은 변동성이 크고 규제 변화에 영향을 받을 수 있다는 점을 기억해야 합니다.

3

엑슨모빌(XOM)
전 세계 석유를 쥐어 잡고 있는 슈퍼메이저

엑슨모빌XOM은 한때 미국 증시 내 시가총액 1위를 기록했던 세계 최대 규모의 에너지 기업으로 석유, 천연가스, 화학 제품 등 다양한 에너지 자원의 탐사, 생산, 정제, 판매 사업을 운영하고 있습니다. 주요 사업 분야는 다음과 같습니다.

1) 에너지 발굴 및 개발 사업(매출의 약 60%)

석유와 천연가스를 탐사하고 생산하는 사업입니다. 엑슨모빌은 전 세계적으로 광범위한 탐사 및 생산 자산을 보유하고 있으며, 특히 미국, 캐나다, 브라질, 러시아 등에서 주요 프로젝트를 진행하고 있습니다.

2) 정유 사업(매출의 약 30%)

원유를 정제하여 휘발유, 디젤, 제트 연료, 가솔린 등의 석유 제품으로 가공하는 사업입니다. 엑슨모빌은 전 세계적으로 정제소와 유통망을 운영하고 있으며, 특히 아시아 시장에서 강력한 입지를 구축하고 있습니다.

3) 화학 사업(매출의 약 10%)

석유와 천연가스를 원료로 하여 플라스틱, 화학품, 윤활유 등을 생산하는 사업입니다. 엑슨모빌은 세계 최대 규모의 화학 기업 중 하나이며, 다양한 고성능 화학 제품을 생산하고 공급합니다.

엑슨모빌과 같은 초대형 에너지 기업이 본인들만의 안전마진을 구축할 수 있는 역량은 무엇일까요? 우선 규모의 경제 효과를 누릴 만한 충분한 생산 단계별 설비 인프라 규모를 갖추고 있습니다. 에너지 산업은 엄청난 고정자산을 투자자본으로 삼아 투자해야 합니다. 이를 통해 탐사, 생산, 정제, 유통 등 모든 단계에서 생산량이 커질수록 규모의 경제를 누릴 수 있어 생산 비용을 절감하고 경쟁 우위를 강화할 수 있습니다. 오랜 역사와 경험을 바탕으로 형성된 첨단 탐사 기술, 생산 기술, 정제 기술 등 기술적인 우위 역시 엑슨모빌이 시장을 선도하는 데 이바지합니다. 또한 에너지 기업은 미국뿐 아니라 글로벌 네트워크를 통해 광범위한 탐사, 생산, 정제, 유통 자산을 보유하여 원가 경쟁력 및 글로벌 판매처를 확보해야 합니다. 엑슨모빌은 180개 이상의 국가에서 사업을 운영하면서 다양한 시장에서 경쟁력을 유지하고 있습니다.

다만 안전마진 가치주로서 엑슨모빌을 바라볼 때는 다음의 사항들을 고려해야 합니다. 일반적으로 엑슨모빌의 기업가치(주가)는 수익성을 좌우하는 원유 가격에 좌우됩니다. 지난 10년간 엑슨모빌 주가와 서부텍사스산 중질유 가격을 살펴보면 상당히 높은 상관관계(상관계수 0.56)를 나타냅니다. 이는 엑슨모빌 주가 변동의 약 56%가 원유 가격 변동에 의한 것임을 의미합니다. 원유 가격이 상승하면 엑슨모빌의 탐사 및 생산 수익이 증가하여 주가에 긍정적인 영향을 미치고, 반대로 원유 가격이 하락하면 수익이 감소하고 주가도 하락하는 경향이 있습니다. 즉 국제유가 수준에 따라 엑슨모빌 주가의 안전마진이 좌우됩니다. 국제유가의 30년 평균값이 배럴당 54달러인 점을 감안하면 장기투자자는 평균회귀 경향을 고려하여 엑슨모빌의 매수 시기를 저울질할 수도 있습니다. 다만 국제유가와 밀접한 주식을 보유하는 것이 곧 인플레이션 헤지 수단이라고 생각한다면 자산배분 관점에서 입체적인 활용도를 기대할 수 있습니다.

'규모의 경제'란 생산 규모가 커짐에 따라 단위당 생산 비용이 감소하는 현상을 말합니다. 엑슨모빌의 경우 원유 매장량이 큰 유전을 발굴하고, 생산된 원유를 정제하는 시설까지 일관화 및 대형화를 이룬 기업입니다. 따라서 장래에 원유 생산이 지속될수록 이미 갖춰진 인프라 관련 투자 비용을 충당하면서 단위당 생산 비용은 감소하는 효과를 누릴 수 있습니다. 이를 다음과 같은 사례로 설명할 수 있습니다.

1) 고정 비용의 분산

생산량이 증가하면 공장 설비, 기계, 연구개발 비용 등 초기 고정 비용이 더 많은 제품에 분산됩니다. 예를 들어, 공장을 짓는 비용이 100만 달러이고 한 해에 1만 개의 제품을 생산하면 제품당 고정 비용은 100달러가 되지만, 2만 개의 제품을 생산하면 제품당 고정 비용은 50달러로 줄어듭니다.

2) 운영 효율성

대량 생산을 통해 작업 프로세스의 효율성이 높아지고, 작업자가 특정 작업에 더 숙련되면서 생산성이 향상됩니다. 예를 들어, 조립 라인에서 작업자가 반복적으로 동일한 작업을 수행할수록 속도와 정확도가 증가합니다.

3) 구매력 증가

대량 구매를 통해 원자재나 부품을 더 저렴한 가격에 구입할 수 있습니다. 대규모 생산자는 소규모 생산자보다 원자재를 대량으로 구입할 때 더 큰 할인을 받을 가능성이 큽니다.

4) 기술 발전

규모가 큰 기업은 새로운 기술이나 자동화 장비에 투자할 여력이 있습니다. 이는 생산 효율성을 더욱 높이고 단위당 비용을 줄일 수 있습니다.

5) 마케팅 및 유통 비용의 절감

대규모 생산은 마케팅 및 유통 비용을 절감할 수 있습니다. 대량 생산된 제품은 대규모로 광고하고 대규모로 유통시킬 수 있어 개별 제품당 마케팅 및 유통 비용이 감소합니다.

그림 4 - 10. 엑슨모빌 주가와 국제유가 추이

출처 : 블룸버그

그림 4 - 11. 엑슨모빌에 대한 투자의견

　　과거 5년간 엑슨모빌의 주당순이익 연평균 성장률은 무려 46%로 우크라이나 전쟁 및 중동 정세 불안정에 따른 에너지 가격 급등의 수혜를 크게 받았습니다. 다만 애널리스트들이 예상하는 향후 5년간 주당순이익의 연평균 성장률은 3%로 미국 경제성장률(실질GDP) 수준에 수렴할 것으로 내다보고 있습니다. 물론 국제유가는 지정학적 불안정, 기후변수, 친환경 정부정책과 같은 대단히 불안정한 변수의 영

인플레이션 헤지 수단으로 엑슨모빌이 원유ETF 보다 낫다?

1) 배당 수익

엑슨모빌은 배당수익률 3.2%(2024년 5월 13일 기준)라는 안정적인 배당금을 지급하는 기업입니다. 배당금은 인플레이션 기간 동안 투자자들에게 추가 수익을 제공할 수 있습니다. 원유 ETF는 배당금을 지급하지 않는 경우가 많기 때문에 엑슨모빌 주식이 더 유리할 수 있습니다.

2) 기업 실적과 성장 가능성

물론 엑슨모빌은 원유 가격 상승에 따라 실적이 개선될 가능성이 커집니다. 다만 원유뿐만 아니라 천연가스, 화학 제품 등 다양한 에너지 및 자원 부문에서 활동하고 있어 포트폴리오가 더 다양화되어 있습니다. 이러한 다양성은 인플레이션 상황에서 더 안정적인 성과를 낼 수 있습니다.

3) 재투자 및 자본 성장

엑슨모빌과 같은 대형 에너지 기업은 수익을 재투자하여 장기 성장을 도모합니다. 이는 단순히 원유 가격에 의존하는 원유 ETF보다 장기적인 자본 성장 잠재력이 더 클 수 있음을 의미합니다. 엑슨모빌은 기술 개발, 새로운 탐사 프로젝트 등 다양한 성장 전략을 통해 인플레이션 환경에서도 성장 기회를 모색합니다.

4) 경영진의 전략적 결정

엑슨모빌의 경영진은 시장 상황에 따라 전략적 결정을 내릴 수 있습니다. 예를 들어, 비용 절감, 자산 매각, 새로운 사업 투자 등을 통해 인플레이션의 부정적인 영향을 최소화하고 기업 가치를 극대화하려고 노력합니다. 하지만 원유 ETF는 단순히 원유 가격을 추종하기 때문에 이러한 경영전략의 혜택을 볼 수 없습니다.

5) 주식의 가치 평가

엑슨모빌 주식은 원유 가격뿐만 아니라 회사의 재무 상태, 경영전략, 글로벌 에너지 시장 동향 등 다양한 요소에 의해 평가됩니다. 이는 원유 가격 하락 시에도 엑슨모빌 주식이 원유 가격에 완전히 연동되지 않고 순자산 가치 등에 연동하여 저점 형성이 이뤄질 수 있음을 의미합니다.

그림 4-12. 엑슨모빌의 밸류에이션 추이

	Current	3/31/2024	12/31/2023	9/30/2023	6/30/2023	3/31/2023
시가총액 (Market Cap)	528.94B	460.11B	399.60B	468.73B	429.34B	443.35B
기업의 총가치 (EV)	536.06B	470.14B	407.91B	480.70B	438.14B	454.91B
PER(기발표 순이익 기준, Trailing P/E)	14.45	13.08	9.93	9.41	7.26	8.27
예상PER (Forward P/E)	12.84	12.72	10.34	12.41	10.08	10.47
PEG (예상PER/예상EPS 연간증가율)	6.87	6.80	--	--	--	--
PSR (Price/Sales)	1.43	1.41	1.18	1.33	1.13	1.16
PBR (Price/Book)	2.58	2.24	1.99	2.34	2.16	2.27
매출액 (EV/Revenue)	1.20	1.40	1.18	1.32	1.11	1.14

출처 : 야후 파이낸스

향을 받으므로 쉽게 예상하기 힘듭니다. 이를 반영하듯 애널리스트들의 투자의견도 한쪽으로만 쏠려 있지 않고 다양한 편입니다.

안전마진을 가늠할 수 있는 밸류에이션 도구들 역시 시장 전체에 비해서 저평가 영역에 위치하고 있습니다. 엑슨모빌의 주력 상품인 원유와 천연가스, 정제유, 그리고 석유화학 제품은 가격 변동성이 매우 높습니다. 엑슨모빌의 수익성을 좌우하는 국제유가가 정치적 불안정, 분쟁, 테러 등 지정학적 위험에 노출된 점은 밸류에이션 할인요인으로 작용하기 때문에 시장 전체보다는 저평가 영역에 머무는 것으로 평가됩니다. 한편 역사적인 높은 PER은 논란이 있는 영역으로 파악됩니다. 엑슨모빌의 경우 밸류에이션 도구 중 PER보다는 PBR을 토대로 판단하는 것이 유용합니다.

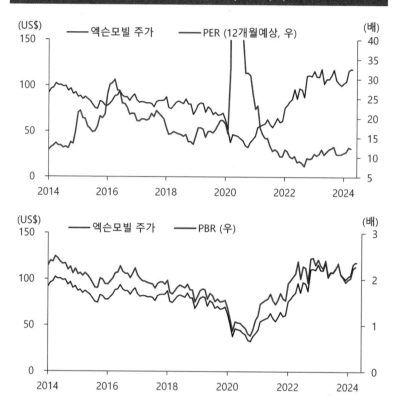

그림 4 - 13. 엑슨모빌 PER, PBR 추이

(US$) ── 엑슨모빌 주가 ── PER (12개월예상, 우) (배)

(US$) ── 엑슨모빌 주가 ── PBR (우) (배)

출처: 블룸버그

4
유나이티드헬스 그룹(UNH)
미국인들의 건강은
내 손 안에 있다

유나이티드헬스 그룹UnitedHealth Group은 사명에 '헬스'가 들어가서 제약기업이나 바이오기업으로 오해하기 쉽습니다. 그러나 사실은 '미국 1위의 건강보험사(시장 점유율 15%)'로서 우리나라로 따지면 앞서 봤던 DB손해보험이나 삼성화재의 사적 장기실손 보험과 공적 건강보험공단이 혼합된 유나이티드헬스케어UnitedHealthCare 사업부와 의료 산업 전반을 포괄하는 서비스를 담당하는 옵텀Optum 사업부로 양분됩니다. 유나이티드헬스케어 부문은 전체 매출의 55% 이상을, 옵텀 부문은 나머지를 차지합니다. 우리나라 손보사들이 2개나 포함된 절반의 논리와 사실상 비슷하다고 해석할 수 있습니다. 유나이티드헬스케어의 건강보험사 영역은 미국 고령인구 증가(2040년 8천만 명 예상)에 따른 의료지출 증가 영향으로 꾸준히 성장할 것이고, 시장 1위 사업자라는 우월한 시장지위 효과로 지속적인 캐시카우 역할을 할 것입니다.

한편 의료 종합 서비스를 제공하는 옵텀 부문은 미래 성장의 중요한 축이 될 것입니다. 먼저 옵텀Rx는 약국 관리 서비스를 제공하며 보험사를 대신해 제약사와 약가 및 리베이트를 협상하고 처방약 목록을 관리하는 PBMPharmacy Benefit Manager 사업을 영위합니다. 우리나라는 '건강보험심사평가원'에서 약가를 결정하고 급여와 비급여 항목으로 분류하고 있습니다. 미국은 사보험사들이 해당 업무를 도맡아 보험의 커버리지에 맞춰서 해야 하는데, 이를 대행하는 역할이 PBM 사업이라고 보면 됩니다. 사업 부문별 매출 비중은 20% 전후로 유나이티드헬스케어 사업부 다음이라고 보면 됩니다. 옵텀헬스는 성과 중심의 의료비 지급 모델을 도입할 수 있도록 지원하고 소비자들의 의료비 자금을 관리하며 결제 관리까지 맡고 있습니다. 옵텀인사이트Optum Insight는 의료 및 금융 관련 프로세스를 분석할 수 있는 플랫폼을 제공합니다.

유나이티드헬스 그룹은 전국 약 6,400개의 병원 및 기타 시설로 구성된 네트워크를 통해 운영되며, 미국 전역 및 150개국에서 서비스를 제공합니다. 주요 고객층은 고용주, 보험사, 정부 기관 등으로 이미 장기적으로 구축된 단단한 고객 네트워크와 1위 사업자라는 업계 내 경쟁우위를 오랫동안 지켜왔습니다. 그리고 최근 몇 년 동안 인수합병을 통해 꾸준히 외형 확장도 진행했는데, 2023년에는 'LHC 그룹'을 인수하여 재택 건강 관리 서비스를 강화했고, 2022년에는 '체인지헬스케어'를 인수하여 헬스케어 시스템 전반의 워크플로우와 거래 연결성을 개선했습니다. 앞서 살펴봤던 '규모의 경제' 관점에서 기존 네트워크의 강화와 의료 서비스의 질적 개선을 이끌 만한 역량을 줄곧 갖춰온 것으로 평가할 수 있습니다.

유나이티드헬스 그룹의 과거 5년간 주당순이익 연평균 성장률은 13.7%를 기록했고, 향후 5년간 예상되는 연평균 이익성장률 역시 12.9%로 비슷한 수준을 유지할 것으로 예상하고 있습니다. 이를 반영하여 애널리스트 투자의견은 비교적 긍정적이고, 목표주가(567달러) 대비 10% 수준의 상승 여력을 보유 중입니다. 다만 2024년 2월 사이버 공격으로 의료 서비스 제공자가 보험금을 청구하고, 심사 지급하는 기능이 훼손된 상황과 관련한 부정적 영향(8.7억 달러)으로 2024년 1분기 영업이익은 기대치를 하회하기도 했습니다. 그럼에도 현 밸류에이션 수준은 큰 훼손은 없는 상황이며 사이버공격 위기를 잘 극복하고 동사의 이익 안정성에 대한 신뢰는 여전하다는 것을 반영한다고 해석됩니다.

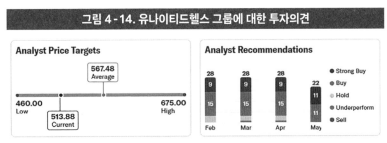

그림 4 - 14. 유나이티드헬스 그룹에 대한 투자의견

출처: 야후 파이낸스

1) 안정적인 매출 및 이익 성장

유나이티드헬스 그룹은 꾸준한 매출 성장과 높은 순이익을 기록하고 있습니다. 2023년에는 3,716억 달러의 매출과 224억 달러의 순이익을 기록하며 전년 대비 각각 14%와 11% 증가했습니다. 이러한 재무 성과는 회사의 재무 안정성을 높이고 투자자에게 신뢰감을 줍니다.

2) 다양한 수익원

유나이티드헬스 그룹은 4개의 주요 부문(유나이티드헬스케어, 옵텀Rx, 옵텀헬스, 옵텀인사이트)을 통해 다양한 수익원을 보유하고 있습니다. 이들 부문은 각각 건강 보험, 약국 관리, 건강 및 웰빙 프로그램, 헬스케어 기술 및 컨설팅 서비스를 제공하며, 이를 통해 경제적 변화와 시장 변동성에 대한 리스크를 분산시킵니다.

3) 강력한 시장 지위

유나이티드헬스 그룹은 미국 내 건강 보험 시장에서 선도적인 위치를 차지하고 있으며, 6,400여 개의 병원 및 시설로 구성된 광범위한 네트워크를 통해 전국적으로 서비스를 제공합니다. 또한, 국제적으로도 150개국 이상에서 사업을 운영하여 글로벌 시장에서 경쟁력을 확보하고 있습니다.

4) 지속적인 성장 전략

회사는 지속적인 인수합병을 통해 성장 전략을 추진하고 있습니다. 최근 몇 년간 LHC 그룹 및 체인지헬스케어와 같은 기업을 인수하여 서비스 범위를 확장하고 헬스케어 시스템의 효율성을 높였습니다. 이러한 전략적 인수는 유나이티드헬스 그룹의 시장 점유율을 확대하고 장기적인 성장 잠재력을 높입니다.

5) 강력한 현금흐름

유나이티드헬스 그룹은 강력한 현금흐름을 보이고 있습니다. 2022년 말 기준, 회사는 234억 달러의 현금을 보유하고 있으며, 운영 활동에서 262억 달러의 현금을 창출했습니다. 이러한 현금흐름은 회사가 미래의 성장 기회를 활용하고 주주에게 배당금을 지급하며 재무적 유연성을 유지할 수 있게 합니다.

6) 정부 및 기업과의 안정적 계약

유나이티드헬스 그룹은 정부 및 대기업과의 안정적인 계약을 통해 지속 가능한 수익을 창출하고 있습니다. 특히, 메디케어와 메디케이드와 같은 정부 프로그램과의 협력은 회사의 수익을 안정적으로 유지하는 데 기여합니다.

그림 4 - 15. 유나이티드헬스 그룹의 밸류에이션 추이

	Current	3/31/2024	12/31/2023	9/30/2023	6/30/2023	3/31/2023
시가총액 (Market Cap)	471.00B	456.08B	486.95B	467.03B	445.55B	440.45B
기업의 총가치 (EV)	511.92B	488.99B	506.22B	486.34B	469.64B	470.17B
PER (기발표 순이익 기준, Trailing P/E)	31.24	20.73	22.85	22.57	21.99	22.31
예상PER (Forward P/E)	18.42	17.76	18.76	17.92	19.30	18.98
PEG (예상PER/예상EPS 연간증가율)	1.45	1.40	1.45	1.43	1.56	1.51
PSR (Price / Sales)	1.26	1.25	1.38	1.37	1.36	1.38
PBR (Price / Book)	5.43	5.13	5.76	5.66	5.48	5.66
기업의 총가치 / 매출액 (EV / Revenue)	--	1.32	1.41	1.40	1.40	1.45

출처 : 야후 파이낸스

5

P&G(PG)
우리 생활 속에 깊이 침투해 있다면, 그게 안전마진이지

P&GProcter&Gamble Company는 필수소비재 산업의 글로벌 리더로, 우수한 품질과 가치를 제공하는 다수의 브랜드를 보유하고 있습니다. 우리 생활 속 곳곳에 너무 익숙하게 침투해서 브랜드는 알아도 해당 제품을 P&G가 만든 거라고 생각하지 못할 수도 있습니다. 다우니Downy, 헤드앤숄더head & shoulders, 페브리즈febreze, 오랄비Oral-B, 질레트Gillette, SK-Ⅱ, 팸퍼스Pampers 등 큰 고민 없이 거의 무의식적으로 써왔던 많은 브랜드의 제품을 P&G가 생산하고 있습니다. 이렇게 충성도가 매우 높은 다수의 브랜드를 보유하고 있는 소비재 기업은 안전마진 가치투자자 입장에서는 늘 고려해야 하는 투자 대상입니다. 대차대조표상의 무형자산에는 브랜드 가치는 명시되지 않거나 과소 계상되는 경향이 큰데, 버핏은 이

러한 숨겨진 브랜드 가치를 감안해 과감하게 투자하는 것으로 유명합니다. 대표적으로 버핏은 1987년 코카콜라 주식을 매입하기 시작할 당시 고평가 논란에도 숨겨진 브랜드 가치를 고려하여 저평가되었다고 인식하고 적극 매수하기도 했습니다.

P&G는 5가지 부문을 통해 전 세계적으로 소비재 사업을 운영합니다. 각 사업 부문으로는 패브릭&홈케어(매출 비중 약 35%), 아기, 여성&가족 관리(약 25%), 미용(약 20%), 헬스케어(약 15%), 그루밍(약 10%) 입니다. 회사의 주요 브랜드에는 패브릭&홈케어 부문의 타이드Tide, 아리엘Ariel, 게인Gain, 다우니, 베이비, 여성&가족 관리 부문의 펨퍼스, 올웨이즈Always, 바운티Bounty, 미용 부문의 올레이Olay, 팬틴Pantene, 헤드&숄더, 헬스케어 부문의 빅스Vicks, 메타무실Metamucil, 뉴로비온Neurobion, 펩토-비스몰Pepto-Bismol, 그루밍 부문의 질레트, 브라운, 비너스Venus 등이 있습니다.

P&G의 과거 5년간 주당순이익의 연평균 성장률은 6.5%인데, 향후 5년간 예상되는 연평균 이익성장률도 7.9%로 대체로 6~8%의 꾸준한 이익 성장을 유지하는 안정성이 뛰어난 기업입니다. 물론 시장 전체(S&P500)의 10.8%와 비교하면 이익 성장 속도가 폭발적이지는 않습니다. 이를 반영하여 애널리스트 투자의견은 보유 의견이 다수이고, 목표주가(171달러) 대비 3% 수준의 미미한 상승 여력 정도를 보이고 있습니다. 브랜드 가치에 대한 PER 밸류에이션 프리미엄은 시장 대비 10% 수준으로 추정되며 안정적인 사업 모델, 강력한 브랜드 포트폴

1) 초기 투자

1989년에 버핏의 투자 회사 버크셔 해서웨이는 질레트에 첫 투자를 단행합니다. 버핏은 8억 달러 상당의 전환 우선주를 매입하며 질레트 지분의 약 11%를 확보했습니다.

2) 투자 배경

① 질레트의 강점 : 버핏은 질레트의 브랜드 가치와 시장 독점력을 높이 평가했습니다. 질레트는 전 세계적으로 인정받는 면도기와 면도날 브랜드로, 고객 충성도가 높아 꾸준한 수익을 창출하는 기업이었습니다.

② 안정적인 시장 : 면도기 시장은 지속해서 성장할 뿐만 아니라 경기 변동에 큰 영향을 받지 않는 안정적인 시장이었습니다. 이는 버핏이 선호하는 투자 조건에 부합했습니다.

3) 질레트의 성장과 버핏의 신뢰

① 브랜드 확장 : 질레트는 지속적인 혁신과 마케팅을 통해 면도기 외에도 다양한 개인 위생 용품으로 제품군을 확장했습니다. 이는 회사의 수익성을 높이는 데 기여했습니다.

② 탁월한 경영진 : 버핏은 질레트 경영진의 역량과 비전을 신뢰했습니다. 그는 경영진이 회사를 올바른 방향으로 이끌어 갈 것이라고 확신했습니다.

4) 버크셔 해서웨이의 질레트 인수

① 1996년 : 버크셔 해서웨이는 질레트의 보통주 1억 주를 추가로 매입하며 지분을 더욱 확대했습니다. 이 시점에서 버크셔 해서웨이는 질레트의 최대 주주 중 하나가 되었습니다.

② 장기 투자 : 버핏은 질레트의 장기적인 성장 가능성을 믿고 지속적으로 투자를 유지했습니다. 이는 버크셔 해서웨이의 주주들에게도 높은 수익을 안겨주었습니다.

5) 질레트와 P&G의 합병

2005년에 P&G가 질레트를 570억 달러에 인수하면서 버크셔 해서웨이의 질레트 투자도 큰 성공을 거둡니다. 이 거래로 버크셔 해서웨이는 P&G의 주식을 받게 되며, 이는 또 다른 우수한 소비재 기업에 대한 투자로 이어졌습니다.

출처 : 야후 파이낸스

그림 4 - 17. P & G의 밸류에이션 추이

	Current	3/31/2024	12/31/2023	9/30/2023	6/30/2023	3/31/2023
시가총액 (Market Cap)	391.22B	381.78B	345.38B	343.78B	358.43B	350.46B
기업의 총가치 (EV)	417.17B	408.41B	372.34B	371.77B	388.25B	379.32B
PER (기발표 순이익 기준, Trailing P/E)	27.08	27.18	23.79	24.72	26.39	26.09
예상PER (Forward P/E)	23.87	23.31	23.04	22.83	23.87	23.58
PEG (예상PER/예상EPS 연간증가율)	3.52	3.43	3.39	3.36	4.22	4.47
PSR (Price/Sales)	4.88	4.55	4.36	4.42	4.42	4.37
PBR (Price/Book)	7.94	7.82	7.36	7.48	7.89	7.84
기업의 총가치/매출액 (EV/Revenue)	4.96	4.87	4.47	4.53	4.79	4.72

출처 : 야후 파이낸스

리오, 지속적인 배당 지급, 재무 건전성, 혁신, 글로벌 시장 진출, 운영 효율성 등에서 안전마진 가치주로서 매력적인 요소를 갖추고 있다고 생각합니다. 특히 연속배당 132년, 67년 연속 배당성장을 지속 중인 뛰어난 주주환원 역사를 지닌 배당왕(Dividend King : 50년 이상 연속배당 기업)으로 배당성향이 60% 이상이며 현 주가(24년 5월 14일 기준) 대비 2.4%의 배당수익률이 예상됩니다.

6

존슨앤드존슨(JNJ)
제약주가 가치주라고?
Yes!

존슨앤드존슨Johnson & Johnson 하면 생각나는 이미지는 핑크빛 베이비로션, 그리고 요즘에는 광고에서 세련된 영어 발음이 돋보이는 뉴트로지나Neutrogena 입니다. 그러나 존슨앤드존슨은 더 이상 화장품 회사가 아닙니다. 기존 소비자 건강 부문 사업부가 2023년 8월말 분사되면서 이제는 혁신제약Innovative Medicine 부문, 의료기술MediTech 부문으로 양분되는 헬스케어 관련 연구개발, 제조 및 판매를 통해 다양한 제품을 제공하는 회사로 거듭났습니다. 특히 사업 부문별로 혁신제약 부문(매출의 약 65%)이 가장 큰 비중을 차지합니다. 면역학, 종양학, 신경과학, 심혈관 및 대사 질환, 감염병 및 폐동맥 고혈압의 여섯 가지 주요 치료 영역에서 사업을 펼칩니다. 가장 수익성이 높은 항암 포트폴리오 제품군들이 큰 기여를 하고 있습니다. 다음은 의료기술 부문 매출(약 35%)로 중재 솔루션, 정형외과, 수술 및 시력 카테고리에서 사용되는 다양한 의료기기 제품 포트폴리오를 포함합니다. 워낙 전문 분야 의료기기가 많지만, 대중적인 제품으로 아큐브ACUVUE 콘택트렌즈도 여기에 포함됩니다.

2023년 기준 존슨앤드존슨의 혁신제약 부문에서 아직까지 가장 큰 매출 비중을 차지하고 있는 것은 자가면역질환 치료제인 스텔라라Stelara, 두 번째로 비중이 큰 것은 표적치료 항암제인 다잘렉스Darzalex입니다. 스텔라라는 2024년 1분기 매출액 24.5억 달러를 올리며 제약 사업 내 매출 비중은 18.1% 수준입니다. 하지만 2023년 특허가 만료되어 2024년 중순 유럽, 2025년 미국에서 바이오 시밀러(원래의 약과 동일한 공정으로 제조하지는 않으나 임상실험을 하여 생물학적으로 거의 동일한 효과를 내는 약)가 출시되며 향후 매출액이 급격하게 하락할 전망입니다. 따라서 이를 보완하기 위한 신약 라인업 확대를 위해 회계연도 2023년 매출액의 약 17.7%에 해당하는 150억 달러를 연구개발에 투자하고 있습니다. 기존 신약 파이프라인의 긍정적인 임상 결과로 특허 만료되는 신약을 보완하는 것이 제약 부문의 숙명이기 때문에 신약 개발의 시기와 성공 가능성 등이 최적화된 포트폴리오 관점에서 혁신제약 부문을 이해해야 합니다. 2023년 기준 11개의 인라인 및 파이프라인 의약품에 대한 긍정적인 3상 데이터 발표를 해 파이프라인 진전은 진행 중입니다. 또한 신약 개발에 따른 실적 변동성이 큰 혁신제약 부문을 제외한 의료기술 부문은 캐시카우 역할을 해 전체 기업이익의 가시성을 높여야 할 필

일반적으로 성장 가능성이 높은 신약 개발에 집중하는 제약 회사는 성장주로 분류될 가능성이 높습니다. 이러한 회사들은 높은 수익률을 기대할 수 있지만, 연구개발에 많은 투자를 하기 때문에 변동성이 높고 위험성도 높습니다.

반면에 성숙한 시장에서 안정적인 수익을 올리는 제약 회사는 가치주로 분류될 가능성이 높습니다. 이러한 회사들은 꾸준한 배당금을 지급하고 성장률은 낮지만, 비교적 안정적이고 위험성이 낮습니다. 특히 일부 제약 기업은 가치주로 볼 수 있습니다. 안정적인 현금흐름을 가졌거나 수익성이 높은 기업은 가치투자자들 입장에서는 매력적일 수 있습니다. 또한 저평가된 기업이나 소외된 부문의 기업은 가치투자자들에게 주목받을 수 있습니다.

따라서 제약주 역시 사업 영역, 성장 가능성, 재무 상태, 경영진 등에 따라 가치주로 분류될 가능성도 있습니다.

요가 있습니다.

결국 제약주가 안전마진 가치주로서 기능을 하려면 연구개발 투자를 상쇄할 만한 기업 펀더멘털의 안정성이 1순위가 될 것입니다. 제약 기업의 펀더멘털을 가늠하기 위해서 '연구개발 투자에도 과연 현금흐름이 좋은지'를 판가름하는 최적의 판단 근거로 잉여현금흐름FCF, Free Cash Flow이 유용하다고 생각합니다. 쉽게 말하면 일정 기간 기업이 번 돈으로 건물, 장비, 급여, 세금 및 재고를 포함하여 사업을 운영하는 데 필요한 모든 것에 대해서 지불하고도 남은 돈을 의미합니다. 즉 기업이 창출하는 현금 중에서 자산 기반을 유지하거나 확장하는 데 필요한 자본 지출을 제외한 후, 투자자들(주주, 채권자)에게 분배할 수 있는 현금의 양을 나타내는 재무지표입니다. 이는 투자 및 연구개발 등의 기업 활동을 제외하고 기업이 자유롭게 활용할 수 있는 돈이므로 잉여현금은 이자나 배당 지급, 인수합병, 자사주 매입, 그리고 제약 회사에서 가장 중요한 연구개발의 재원이 됩니다. 최근 존슨앤드존슨의 잉여현금흐름은 182억 달러로 추산됩니다. 회계연도 2023년 연차보고서를 통해 매출액의 약 17.7%에 해당하는 150억 달러를 연구개발비로 투자하겠다고 밝혔는데, 창출되는 잉여현금흐름 이내라는 것을 알 수 있습니다. 또한 제약 회사 중에서는 이례적으로 2023년 기준으로 무려 61년 연속으로 현금 배당금을 인상했습니다. 2023년에는 주당 4.70달러, 2022년에는 주당 4.45달러의 현금 배당금을 지급한 바 있습니다. 존슨앤드존슨도 50년 이상 연속으로 배당 성장한 배당왕에 속합니다. 이는 잉여현금흐름 및 이익잉여금이 충분하고 배당 재원의 안정성, 그리고 오랫동안 끈끈하게 형성된 최고경영진과 주주들 간의 신뢰를 반영한다는 의미를 갖습니다.

존슨앤드존슨의 과거 5년간 주당순이익의 연평균 성장률은 5.4%입니다. 향후 5년간 예상되는 연평균 이익성장률도 4.9%로 안정적이긴 하나 헬스케어 업종 특유의 고성장과는 거리가 있습니다. 그렇다 보니 밸류에이션 역시 미국 시장 전체 및 헬스케어 업종보다 저렴하게 PER 14배로 형성되어 있습니다. 현재 헬스케어 시장을 주도하는 노보 노디스크가 40배, 일라이 릴리가 57배인 것을 감안하면 비만치료제 성장주 대표 종목군과 상당한 괴리가 있는 상황입니다. 스텔라

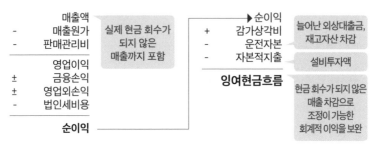

그림 4 - 18. 잉여현금흐름 추출 방법

손익계산서상의 이익		현금흐름표상의 잉여현금흐름	
	매출액	+	순이익
-	매출원가		감가상각비
-	판매관리비	-	운전자본
		-	자본적지출
	영업이익		**잉여현금흐름**
±	금융손익		
±	영업외손익		
-	법인세비용		
	순이익		

실제 현금 회수가 되지 않은 매출까지 포함

늘어난 외상대출금, 재고자산 차감

설비투자액

현금 회수가 되지 않은 매출 차감으로 조정이 가능한 회계적 이익을 보완

출처: 한국거래소

그림 4 - 19. 존슨앤드존슨의 잉여현금흐름 산출과 추이

Breakdown	TTM	12/31/2023	12/31/2022	12/31/2021	12/31/2020
영업활동으로 인한 현금흐름	23,191,000	22,791,000	21,194,000	23,410,000	23,536,000
투자활동으로 인한 현금흐름	-2,901,000	878,000	-12,371,000	-8,683,000	-20,825,000
재무활동으로 인한 현금흐름	-21,417,000	-15,825,000	-8,871,000	-14,047,000	-6,120,000
소득세 납부액	25,738,000	21,859,000	14,127,000	14,487,000	13,985,000
최종 현금보유액	--	8,574,000	5,223,000	4,768,000	4,619,000
이자지급액	--	1,836,000	982,000	990,000	904,000
자본적지출	-4,957,000	-5,013,000	-4,009,000	-3,652,000	-3,347,000
주식발행	--	4,241,000	--	--	--
채권발행	8,287,000	21,790,000	16,136,000	2,002,000	10,822,000
부채상환	-19,527,000	-24,524,000	-8,684,000	-2,992,000	-3,727,000
자사주매입	-2,992,000	-5,054,000	-6,035,000	-3,456,000	-3,221,000
잉여현금흐름	18,234,000	17,778,000	17,185,000	19,758,000	20,189,000

출처: 야후 파이낸스, 단위: 1000달러

라의 특허 만료 우려와 비만치료제 트렌드에 편승하지 못한 점 등이 반영되었으나 이미 악재가 반영되어 저평가 매력이 커진 점과 꾸준한 배당성장 등은 안전마진 가치주 관점에서 보면 긍정적인 포인트라고 볼 수 있습니다.

그림 4 - 20. 존슨앤드존슨의 밸류에이션 추이

	Current	3/31/2024	12/31/2023	9/30/2023	6/30/2023	3/31/2023
시가총액(Market Cap)	367.43B	381.20B	377.32B	375.05B	430.14B	405.11B
기업의 총가치(EV)	374.84B	387.61B	383.73B	392.15B	458.44B	421.25B
PER(기발표 순이익 기준, Trailing P/E)	22.68	30.42	29.41	31.59	34.70	23.03
예상PER (Forward P/E)	14.35	14.86	14.66	14.18	15.50	14.71
PEG(예상PER/예상EPS 연간증가율)	0.91	0.97	1.65	5.14	1.45	4.04
PSR(Price/Sales)	4.49	4.76	4.16	4.21	4.55	4.35
PBR(Price/Book)	5.25	5.54	5.30	4.99	6.07	5.27
기업의 총가치/매출액 (EV/Revenue)	4.38	4.55	3.89	4.36	4.76	4.44

출처 : 야후 파이낸스

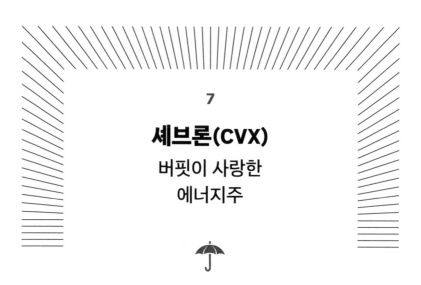

7

셰브론(CVX)
버핏이 사랑한
에너지주

미국의 석유 및 가스 산업의 대표주로서 앞서 엑슨모빌을 언급했는데, 셰브론은 동일한 산업의 2위 기업입니다. 셰브론은 180개국 이상에서 사업을 하며, 석유 및 가스 산업의 모든 부문(탐사, 생산, 정제, 마케팅, 운송)에 참여하는 데 비해, 엑슨모빌은 다운스트림(기초 유분을 다시 분해해 제품을 만드는 공정)에서 화학까지 사실상 가치사슬Value Chain 전 분야를 망라하여 운용하고 있습니다. 두 회사의 주요 사항을 주요 재무적 측면을 기반으로 비교 분석해 봤습니다.

1) 시장 위치와 규모(셰브론 vs. 엑슨모빌)
- 시가총액 : 3,000억 달러(2024년 5월 17일 기준) vs. 5,367억 달러

2) 재무 성과(회계연도 23년 기준)

- 셰브론: 매출 1,948억 달러, 순이익 214억 달러, 영업이익률 13.9%, ROE 12.6%
- 엑슨모빌: 매출 3,383억 달러, 순이익 360억 달러, 영업이익률 13.2%, ROE 16.3%

3) 부채비율(회계연도 2023년 기준)

- 셰브론: 13.5%
- 엑슨모빌: 13.98%

4) 배당정책

- 셰브론: 배당수익률(예상) 4%, 배당성향 56.7%
- 엑슨모빌: 배당수익률(예상) 3.2%, 배당성향 45.6%

5) 밸류에이션

- 셰브론: PER(예상) 12.6배, PBR 1.8배
- 엑슨모빌: PER(예상) 13배, PBR 2.6배

6) 잉여현금흐름(TTM: 최근 4개 분기 합산)

- 셰브론: 184억 달러
- 엑슨모빌: 321억 달러

그런데 버핏의 선택은 왜 1등주 엑슨모빌이 아닌 2등주 셰브론이었을까요? 상대 가치 측면에서 엑슨모빌의 기업가치(시가총액)는 셰브론의 1.8배인데, 2023년 기준 매출액 1.7배, 순이익 1.7배, 잉여현금흐름 1.7배 등이니 기업 실적의 격차만큼 기업가치의 차이도 그대로 반영된 것으로 해석할 수 있습니다. 과연 버핏은 남들이 보지 않는 어떤 숨겨진 가치를 찾은 것일까요? 아마도 그것은 주주친화적인 정책, 특히 배당정책 차이에서 비롯되었을 것으로 추정합니다. 셰브론의 배당수익률은 4%입니다. 엑슨모빌보다 0.8% 높다는 것을 감안할 때 버핏이라면 국제유가와의 상관성은 어차피 둘 다 비슷하게 높으니 배당수익률이 더 높은 종목을 선택했을 개연성이 있습니다. 셰브론은 대공황 이후 현금배당을 줄였던 경우가 없고 배당성장을 무려 36년 연속 지속했습니다. 특히 셰브론의 배당성향은 10% 이상 높아 향후 벌어들인 셰브론 순이익의 절반을 현금 배당으로 향유할 수 있으니 더할 나위 없는 것이죠.

그림 4 - 21. 버크셔 해서웨이의 주식 포트폴리오

Stock	History	Sector	Shares Held or Principal Amt	Market Value ↓	% of Portfolio	Previous % of Portfolio	Rank	Change in Shares	% Change
AAPL	History	INFORMATION TECHNOLOGY	789,368,450	135,360,901,805	40.81%	50.19%	1	⬇ -116,191,550	-12.83%
BAC	History	FINANCE	1,032,852,006	39,165,748,068	11.81%	10.01%	2	No Change	
AXP	History	FINANCE	151,610,700	34,520,240,283	10.41%	8.18%	3	No Change	
KO	History	CONSUMER STAPLES	400,000,000	24,472,000,000	7.38%	6.79%	4	No Change	
CVX	History	ENERGY	122,980,207	19,398,897,853	5.85%	5.41%	5	⬇ -3,113,119	-2.47%
OXY	History	ENERGY	248,018,128	16,118,698,139	4.86%	4.19%	6	⬆ 4,302,324	1.77%
KHC	History	CONSUMER STAPLES	325,634,818	12,015,924,784	3.62%	3.47%	7	No Change	

출처: whalewisdom.com

특정 산업에서 2등 기업이 1등 기업에 비해 투자할 때 유리한 점

1) 가격 대비 가치

1등 기업은 보통 시장에서 높은 평가를 받아 주가가 상승하는 경향이 있습니다. 이에 따라 PER과 PBR이 높아지면 가치투자자로서는 매력적이지 않을 수 있습니다. 반면 2등 기업은 상대적으로 1등보다는 저평가되어 있는 경우가 많아 더 낮은 PER과 PBR을 보일 수 있습니다. 셰브론과 엑슨모빌의 PER과 PBR 비교에서도 엑슨모빌은 모두 높은 배수를 보이며 1등 프리미엄이 반영된 것을 확인할 수 있습니다. 특히 에너지기업은 고정자산 비중이 높아 PBR을 주목할 필요가 있는데 엑슨모빌은 2.6배, 셰브론은 1.8배로 PER보다도 큰 가치평가 격차를 보이고 있습니다.

2) 성장 잠재력

2등 기업은 1등 기업과의 경쟁에서 시장 점유율을 확대하기 위해 더 공격적인 전략을 사용할 수 있습니다. 이는 향후 성장 가능성이 크다는 것을 의미하며, 가치투자자 입장에서 장기 성과를 기대할 수 있는 중요한 요소가 됩니다.

3) 리스크 분산

1등 기업은 이미 시장에서 높은 점유율을 차지하고 있어, 추가적인 성장은 제한적일 수 있습니다. 반면 2등 기업은 시장에서 더 많은 점유율을 차지할 여지가 있으며, 이는 투자 리스크를 분산하는 데 도움이 됩니다.

4) 혁신 및 효율성

2등 기업은 1등 기업과의 경쟁에서 살아남기 위해 더 혁신적이고 효율적이어야 합니다. 이는 기업 내부적으로 비용 절감 및 생산성 향상을 위한 노력을 끊임없이 기울이게 하며, 장기적으로는 더 건강한 재무구조를 만드는 토대가 됩니다.

5) 시장 심리

투자자들은 종종 1등 기업에 과도한 기대를 갖는 경향이 있습니다. 이는 작은 실적 실수에도 큰 주가 하락을 초래할 수 있습니다. 반면, 2등 기업은 상대적으로 기대치가 낮기 때문에 실제 실적이 기대치를 초과할 경우 긍정적인 반응을 얻을 수 있습니다.

버핏의 에너지 업종에 대한 선호도는 여전하나 셰브론 이외에도 옥시덴탈 페트롤리움(OXY)에 열렬한 지지를 표하고 있는 상황입니다. 역시 2등 기업뿐 아니라 그 이외 에너지기업 중 주주친화적인 기업에도 편승하는 것으로 해석됩니다. 셰브론과 옥시덴탈 페트롤리움은 엑슨모빌과 비교할 때 셰일 가스와 재생 에너지 사업에 더 적극적으로 투자하고 있습니다. 버핏은 장기적으로 성장 가능성이 높은 셰일 가스와 재생 에너지 시장에 대한 투자 기회를 선호했을 것으로 추정합니다. 특히 옥시덴탈 페트롤리움은 퍼미안 분지에서 생산되는 대규모 셰일 가스 자원을 보유하고 있으며, 이는 미래 에너지 시장에서 중요한 성장 동력이 될 수 있습니다. 또한 셰브론과 옥시덴탈 페트롤리움의 경영진은 공격적인 투자와 주주 친화적인 정책으로 높이 평가받고 있습니다. 버핏은 뛰어난 경영진을 가진 회사에 투자하는 것을 선호

그림 4-22. 셰브론 주가와 국제유가 추이

출처 : 블룸버그

그림 4 - 23. 쉐브론 주가와 PBR 추이

출처: 블룸버그

하기 때문에 매수 결정에 영향을 미쳤을 가능성이 높습니다. 특히 셰브론의 CEO인 마이클 워스는 엑슨모빌 출신으로 업계 경험과 리더십을 인정받고 있습니다.

8

브로드컴(AVGO)
반도체주도 안전마진 가치주가 될 수 있다

브로드컴은 통신용 반도체 및 관련 인프라 소프트웨어 솔루션을 설계,
개발 및 공급하는 글로벌 IT 기업으로 통신장비 핵심 프로세서 시장의
1위 업체입니다. 주요 제품은 데이터 센터, 네트워킹, 소프트웨어, 광대
역, 무선 및 산업 시장을 포함한 다양한 시장에서 사용되며 스마트폰 및
네트워킹 장비부터 산업 자동화 및 데이터 센터 서버에 이르기까지 다
양한 장치 및 애플리케이션에서 활용됩니다. 브로드컴은 두 가지 사업
부문으로 양분됩니다. 우선 반도체 부문은 유선 및 무선 통신, 기업 저장
소 및 산업 솔루션을 위한 반도체를 생산합니다. 이들의 반도체 제품에
는 네트워킹 칩, 광대역 장치, 마이크로컨트롤러 및 광학 솔루션이 포함
됩니다. 다음으로 소프트웨어 솔루션 부문은 하드웨어 포트폴리오 외에

도 메인프레임 및 분산 시스템용 엔터프라이즈 소프트웨어, 사이버 보안 소프트웨어 개발 운영을 위한 솔루션을 포함한 인프라 소프트웨어를 제공합니다. 최근 들어 일반 목적의 직접회로ic와는 달리 특정한 작업을 수행하도록 맞춤 설계된 'ASIC' 시장이 중흥기를 맞고 있는데, 브로드컴은 구글의 파트너로서 이러한 트렌드에서 주목받는 기업이기도 합니다. AI 반도체의 급성장과 함께 데이터 통신 인프라의 질적 개선도 요구되면서 자연스레 AI 수혜주로 부각되고 있습니다.

이렇게 AI 수혜주로서의 기대감은 미래 기업이익의 성장 가능성으로 잘 반영되어 있습니다. 과거 5년간 주당순이익의 연평균 성장률은 20.3%입니다. 향후 5년간 예상되는 연평균 이익성장률도 14.4%로 두 자릿수의 연간 이익 성장이 기대되어 가치주보다 성장주로 비춰질 만한 뛰어난 성장성도 보유하고 있습니다. 안전마진 가치주는 절대적인 개념이 아니라 상대적인 개념입니다. 예를 들면 AI 반도체의 정점에 있는 엔비디아의 향후 5년간 평균 이익성장률 54.4%와 비교할 때 브로드컴의 14.4%는 AI 가치사슬상 이익 반응이 다소 미약하고 후행적이라고 평가할 수 있습니다. 다만 반도체 업종 중에서 이런 이익 성장의 상대적 열위는 PER 밸류에이션에 일정 부분 반영되어 있습니다. 브로드컴의 PER(예상)은 29.6배로 엔비디아의 38.2배보다 22% 할인된 것을 알 수 있습니다. 특히 이익성장률을 고려하여 PER을 따지는 PEG(=PER/ EPS성장률)의 경우 1.6배로 엔비디아의 1.2배와 비교하면 큰 격차는 아닙니다.

ASIC는 특정 용도나 애플리케이션을 위해 설계된 집적회로입니다. 일반 목적의 IC와는 달리 특정한 작업을 수행하도록 맞춤 설계됩니다. ASIC에 대한 주요 사항은 다음과 같습니다.

1) 맞춤화

ASIC는 특정 작업에 맞춰 맞춤화되어 해당 작업에 매우 효율적입니다. 특정 애플리케이션의 요구 사항을 충족하도록 설계되어 최적의 성능, 전력 소비, 공간 활용을 제공합니다.

2) 적용 분야

ASIC는 소비자 전자 제품(스마트폰 등), 산업 장비, 의료 기기, 자동차 시스템 등 다양한 응용 분야에서 일반적으로 사용됩니다. 특히 높은 성능과 효율성이 중요한 응용 분야에서 널리 사용됩니다. 예를 들면 네트워크 장비처럼 초당 패킷처리만 수 페타바이트인 제품처럼 빠른 속도를 필요로 하거나, 위성같이 전력 문제에 민감한 기기, 암호화폐 채굴처럼 전력소모가 중요한 경우에 쓰입니다.

3) 설계 및 개발

ASIC를 설계하는 것은 복잡하고 비용이 많이 드는 과정입니다. 회로의 사양 정의, 논리 설계, 칩 제작 등을 포함하며, RTLRegister Transfer Level 설계, 합성, 물리적 설계, 검증 등의 여러 단계를 거칩니다.

4) 현재 상황

기술 발전으로 ASIC 설계만 전문으로 하는 기업들도 있습니다. 아예 ASIC 설계에 쓸 수 있는 IP등을 미리 확보해 놓는 회사들이 많아지고 있어서, ASIC 설계 및 제작 난이도와 비용은 과거에 비하면 상대적으로 낮아지고 있는 중입니다. 물론 과거에 비해서라는 것이지 현대의 최신 기술을 반영해 만드는 초고성능 ASIC는 여전히 비싼 편입니다.

그림 4 - 24. 브로드컴의 주당순이익 성장 전망

주당순이익 (EPS) 성장률 추정치	AVGO
현 분기	4.30%
다음 분기	12.20%
2024년	11.10%
2025년	21.50%
향후 5년간 연평균 성장률	14.40%
과거 5년간 연평균 성장률	20.28%

출처: 야후 파이낸스

그림 4 - 25. 브로드컴의 밸류에이션

가치평가 도구

시가총액	646.61B
기업 총가치	710.64B
PER (기발표된 4개분기 합계 순이익 기준)	51.85
PER (12개월 예상)	29.67
PEG (예상 PER / 예상 EPS증가율)	1.62

출처: 야후 파이낸스

물론 브로드컴을 가치주의 영역에서 논해야 할 가장 큰 이유는 반도체 기업임에도 주주 친화적인 배당정책을 고수하는 점입니다. 'VMware' 인수합병이 종료되면서 자사주 매입을 본격화하고 있고, 현금 배당의 경우 무려 13년 연속 배당성장을 지속하면서 이른바 배당 챔피언(Dividend Champion : 10년 이상 배당성장 기업군)으로 명명되고 있기도 합니다. 특히 2016년부터 2024년까지 연환산 배당성장률은 35%를 나타내고 배당성향은 70%로 이는 반도체 업종에서는 좀처럼 찾아보기 힘든 강력한 주주환원 정책입니다. 즉 글로벌 통신용 반도체 시장에서 경쟁우위를 지속하며 가치사슬 상 인공지능 확산에 따른 수혜가 미래 이익 성장으로 이어질 가능성이 크고, 여기에 반도체 업종 중에서는 차별적인 주주환원 정책으로 1.5% 내외의 배당수익률까지 기대됩니다. 미국 빅테크에 대한 큰 선호성을 만족시키고 안전마진까지 확보할 만한 좋은 주식이 될 것으로 판단합니다.

출처: 브로드컴 IR 자료

9

월마트(WMT)
가치주도 성장하면
안되나요?

🌂

월마트 하면 우리에게는 한국의 월마트에 해당하는 이마트가 떠오릅니다. 2023년 기준 우리나라의 유통업계 1위 자리를 두고 온라인의 쿠팡(매출 31.8조 원)이 이마트(29.5조 원)를 넘어서면서 이제는 온라인 쇼핑이 대세가 되었고, 전통의 오프라인 유통 강자들이 고전하는 구도입니다. 우리나라와는 딴판으로 월마트는 선전 중입니다. 월마트의 회계연도 기준 1Q24(24년 2~4월) 매출은 전년 대비 6% 성장했고, 동일점포 매출성장 역시 3.8%로 주요 경쟁사를 뛰어넘고 있습니다. 특히 미국 이커머스 부문 매출성장은 전년 동기 대비 22%, 해외 이커머스 부문은 19%로 증가하며, 이커머스의 최강자인 아마존의 이커머스 매출성장(10.3%)을 뛰어넘는 성장세를 나타냈습니다.

우리나라에서는 기존 강자들의 이커머스 분야 성과가 시장 기대를 밑돌고 있으나, 미국의 월마트는 기존 오프라인의 선전과 더불어 온라인 부문에서도 성공적으로 경쟁력을 높여가고 있는 것입니다. 이미 월마트는 아마존과 같은 온라인 소매 강자들과 오랜 경쟁관계를 통해 얻은 교훈을 바탕으로 전자상거래 및 IT 인프라 확보에 상당한 투자를 해왔습니다. 월마트닷컴Walmart.com 및 모바일 앱을 통해 다양한 카테고리의 제품을 제공하며 가정배송, 매장픽업, 특화된 식료품 배달 등의 기능을 갖췄습니다. 그리고 제트닷컴Jet.com, 보노보스Bonobos, 무스조Moosejaw 등 기존 전자상거래 기업을 인수하면서 이른바 '온라인 DNA'를 이식하려 줄곧 애서 왔습니다. 특히 물리적 매장을 가지고 있다는 장점을 활용한 '옴니채널(모든 채널을 통합하여 오프라인 스토어, 앱 및 웹사이트 전반에서 통일되고 일관된 브랜드 경험을 제공하는 것) 전략'을 통해 물리적 매장과 온라인 플랫폼을 통합하여 원활한 쇼핑 경험을 제공하고 있습니다. '온라인 구매, 매장 픽업(BOPIS)' 및 '오늘 픽업(Pickup Today)'과 같은 서비스가 여기에 포함됩니다. 이렇게 기존 오프라인 부문이 꾸준히 현금창출을 해주는 캐시카우라면 온라인 부문은 차세대 성장동력이 될 것입니다. 월마트가 두 부문 모두에서 녹색불이 켜진 것은 기존 가치주로서의 매력에 성장주 성격까지 추가된 긍정적인 신호로 볼 수 있습니다.

가치주와 성장주가 혼재된 월마트의 매력은 PER 밸류에이션에도 일정 부분 녹아 있는 것으로 판단됩니다. 월마트 PER(예상)의 경우

그림 4 - 27. 월마트의 밸류에이션

가치평가 도구

시가총액	521.07B
기업 총가치	576.12B
PER (기발표된 4개분기 합계 순이익 기준)	27.71
PER (12개월 예상)	27.40
PEG (예상 PER / 예상 EPS증가율)	2.66

출처: 야후파이낸스

27.4배로 시장 전체 대비(S&P500 20배) 프리미엄을 받고 있고, 대표적인 성장주인 메타플랫폼스의 23.9배보다도 높아서 성장주 아니냐는 논란도 자주 제기됐습니다. 따라서 전통적인 가치주로서의 가치보다는 성장주의 특징도 PER 밸류에이션에 반영되었다는 점도 고려할 필요가 있습니다.

• **가치주 특성**

1) 안정적인 수익과 현금흐름

월마트는 오랜 기간 동안 안정적이고 일관된 수익성을 유지했습니다. 주로 필수소비재를 판매하는 비즈니스 모델 덕분에 경제 불황에도 꾸준한 현금흐름을 유지할 수 있습니다.

2) 배당금 지급

월마트는 지속적인 배당성장을 나타내고 있습니다. 이는 대표적인 가치주의 특징으로, 가치주들은 대체로 이익의 일정 부분을 주주들에게 배당금으로 환원합니다.

3) 안정적인 성장률

월마트는 성장하고 있지만, 성장률은 전형적인 성장주보다 더 완만합니다. 월마트는 급진적이고 위험한 성장 전략보다는 시장 점유율을 점진적으로 확대하고 운영 효율성을 개선하는 데 중점을 둡니다.

• **성장주 특성**

1) 전자상거래 확장

월마트는 아마존과 같은 기업들과 경쟁하기 위해 전자상거래와 기술에 상당한 투자를 해왔습니다. 이는 빠르게 성장하는 부문에서 시장 점유율을 확보하려는 성장 지향적인 전략을 보여줍니다.

2) 전략적 인수

월마트는 제트닷컴 Jet.com과 인도의 플립카트 Flipkart 지분 인수 등 디지털 및 국제적 입지를 강화하기 위한 전략적 인수에 참여해 왔습니다. 이는 시장 능력과 도달 범위를 확장하려는 성장주에서 흔히 볼 수 있는 움직임입니다.

3) 끊임없는 혁신과 뛰어난 기술

월마트는 월마트플러스Walmart+와 같은 온라인 구독 서비스를 개발하고, 고급 물류 및 공급망 기술을 활용하는 등 운영에 기술을 통합하려는 노력을 하고 있습니다. 이는 성장 마인드를 반영합니다.

10

다우(DOW)
셰일가스 혁명으로
탄탄해진 안전마진

미국 화학협회에 따르면 글로벌 종합화학업체 중 2022년 매출 기준 Top 3는 1위 독일의 BASF(920억 달러), 2위 중국의 시노펙(660억 달러), 그리고 3위 미국의 다우(569억 달러)입니다. 1897년에 설립된 다우는 오랜 역사와 오늘날에도 강력한 글로벌 경쟁력을 자랑하는 미국의 종합화학 회사입니다. 다우는 제1차 세계대전 중 폭발물 및 기타 전쟁 물자용 화학 물질의 주요 공급 업체로 급성장했고, 전후 시대에는 플라스틱, 스티로폼, 농업 화학 물질을 포함한 종합 석유화학 제품 포트폴리오를 갖춘 글로벌 대표 기업이 되었습니다. 특히 2015년에는 또 다른 화학 거물인 듀폰DuPont과의 대규모 합병을 통해서 오늘날의 다우가 되었습니다. 다우는 총 3개 석유화학 사업 부문, 즉 포장 및 특수 플라스틱 Packaging & Specialty Plastics, 산업 매개체 및 인프라Industrial Intermediates & Infrastructure, 성능 소재 및 코팅Performance Materials & Coatings으로 구성되어 있습니다. 보다 자세히 살펴보면 P&SP 부문은 폴리에틸렌 등 기초유분 제품군이 중심이고, I&I 부문은 우레탄 및 중간재, PM&C 부문은 페인트 등 기타 제품군을 생산하여 판매합니다. 2024년 1분기 기준으로 사업 부문별 매출 비중은 P&SP 부문 51%, I&I 부문 28%, PM&C 부문 21%로 구성되어 있습니다. 우리나라 석유화학 산업으로 따져보면 이른바 NCCNaphtha Cracking Center 업체로 불리는 LG화학, 롯데케미칼 등이 다우의 P&SP 부문과 유사하다고 볼 수 있습니다.

다우의 안전마진의 원천, 즉 해당 산업의 영속성은 어떻게 판단할 수 있을까요? 우리 소지품의 70%는 석유화학제품으로 이뤄져 있습니다. 마치 인체를 구성하는 물처럼 이미 인류에게는 기호재가 아닌 필수재라고 봐야 할 것입니다. 물론 미세플라스틱 문제 등의 환경문제와 얽혀 있는 것도 사실이지만, 인류의 모든 제품에 뿌리내린 석유화학 제품과의 공존은 피하기 힘든 숙명을 지니고 있습니다.

여기에 우리나라 석유화학의 NCC공정과 비견되는 다우의 EC-CEthane Cracking Center 공정은 2000년대 중반부터 미국 셰일가스의 상업적인 생산 확대로 인해 원가경쟁력이 크게 개선되면서 중흥기를 맞게 되었습니다. 참고로 ECC공정은 채굴된 천연가스를 천연가스액 상태로 변환한 이후 분별 공정을 거쳐 산출된 에탄가스를 이용해 주로 에틸렌을 추출 생산하는 공정입니다. 과거에는 천연가스 가격이 나프타

Naphtha보다 비싸서 미국 석유화학 기업들은 한때 ECC 설비를 폐쇄하기도 했습니다. 그러나 2000년대 중반부터 미국에서 기술혁신을 통해 셰일가스를 원활하게 생산하기 시작하여, 2009년에는 러시아를 제치고 세계 최대 천연가스 생산국으로 등극하게 되었습니다. 즉 미국은 자국의 저렴한 셰일가스를 활용하여 ECC공정의 가격 경쟁력을 갖추게 된 것입니다. 이후 다우의 투자자본수익률(ROIC)은 6.4%(회계연도 2023년 기준), 영업이익률은 6.2%(1Q24 기준)를 기록하며 우리나라의 NCC사(회계연도 2023년 기준, 롯데케미칼: ROIC -1.28%, 영업이익률 -1.74%)와는 달리 높은 수익성을 자랑하고 있습니다. 이러한 양호한 수익성이 축적되면서 2027년까지는 도래하는 부채만기가 없을 만큼 건전한 재무구조를 가지게 되었습니다. 특히 2023년 26억 달러 규모로 주주환원(20억 달러의 현금 배당금, 6.2억 달러의 주식 매입)을 실시했는데 합병 이후 누적된 순이익의 약 90%를 주주환원 하면서 당초 목표치인 65%를 크게 초과하고 있습니다.

다만 이 책에서 다뤘던 측정 도구로서의 안전마진 가늠자였던 PER과 PBR 측면에서 보면 다음과 같은 딜레마를 만나게 됩니다. 미국 S&P500 가치주 중에서도 PER, PBR, 배당수익률 관점에서 넉넉한 안전마진은 갖췄으나, 다우의 과거 수준을 감안했을 때에도 저평가가 이뤄져 충분한 안전마진을 확보했는지는 논쟁의 여지가 있습니다. 다우의 1년 중 최저 PER(예상)은 12.6배, PBR은 1.8배(2023년 9월 30일 기준)였는데, 최근 19.7배, 2.2배로 각각 프리미엄이 56%, 22%나 붙

그림 4-28. 다우 밸류에이션 추이

	Current	3/31/2024	12/31/2023	9/30/2023	6/30/2023	3/31/2023
시가총액	41.78B	41.01B	38.46B	36.25B	37.45B	38.77B
기업 총가치	55.79B	54.47B	51.65B	49.62B	50.70B	51.59B
PER(기발표된 4개분기 합계 순이익 기준)	35.36	70.65	29.80	21.04	13.18	8.73
PER(12개월 예상)	19.72	18.87	14.53	12.66	17.48	16.72
PEG(예상 PER / 예상 EPS증가율)	0.77	0.78	4.89	3.57	4.00	4.06

출처: 야후파이낸스

어 안전마진 가치주로서의 투자 매력은 약화되었다는 평가도 있습니다.

실제로 PER-PBR 프리미엄이 형성된 현 시점(2024년 5월 11일 기준)에서 미국 애널리스트들의 매수 의견은 줄어들고 현재는 보유 의견이 다수인 것을 알 수 있습니다. 목표주가 역시 61달러로 현재 주가와의 괴리가 2달러 이내까지 근접한 상황이라 안전마진이 충분하다고 이야기하긴 힘들 것 같습니다. 만약 다우의 매수를 고려한다면 PER 측면의 안전마진이 더 생기는 시기를 기다렸다가 접근해도 괜찮을 것입니다. 물론 긴 시간 동안의 장기적 이익 성장을 중시하는 투자자라면 다우는 분명 매력적입니다. 다우의 향후 5년간의 연평균 이익성장률은 28.15%로 시장 전체(S&P500)의 10.89%를 크게 초과할 것으로 기대됩니다.

그림 5-28의 PEG를 보면 1년 중 최저값인 0.77배를 나타냅니다.

그림 4-29. 다우에 대한 애널리스트 목표주가와 투자의견 추이

출처: 야후 파이낸스

'PEG=PER/이익성장률'로 산출되는 것을 감안하면 PER은 최근 프리미엄이 꽤 형성되었지만 장기 이익성장률 대비로는 고평가로 보긴 어렵다는 것도 알 수 있습니다. 거꾸로 보자면 최근 PER 프리미엄이 형성되는 데는 어쩌면 장기 이익성장성을 일정 부분 반영한 측면도 있고, 한편으론 이런 미래 성장성을 과잉해서 반영한 것은 아니라고도 해석할 여지가 있습니다.

그림 4-30. 다우와 시장 전체의 이익성장률

CURRENCY IN USD	DOW	Industry	Sector	S&P 500
현 분기	-1.30%	--	--	7.30%
다음 분기	83.30%	--	--	10.80%
2024년	33.00%	--	--	4.60%
2025년	41.60%	--	--	13.00%
향후 5년간 연평균 성장률	28.15%	--	--	10.89%
과거 5년간 연평균 성장률	-5.57%	--	--	--

다우가 안전마진을 가진 가치주로 간주될 수 있는 몇 가지 이유가 있습니다.

1) 저평가된 잠재력

일부 분석가들은 다우가 내재 가치보다 낮게 거래되고 있다고 생각합니다. 이는 시장이 다우의 진정한 가치를 반영하도록 조정되면 주가가 상승할 여지가 있음을 시사합니다.

2) 배당 실적

다우는 일관된 배당금을 지급한 역사가 있으며 현재 약 4.2%의 수익률을 제공합니다. 이는 투자자에게 정기적인 수입을 제공하며, 역사적으로 배당금을 유지하는 회사는 재정적으로 안정된 모습을 보이는 경향이 있습니다.

3) 다각화된 사업

다우는 재료 과학, 산업 중간체 및 소비자 솔루션과 같은 화학 산업의 다양한 부문에서 운영됩니다. 이러한 다각화는 한 부문의 침체가 다른 부문의 안정성으로 상쇄될 수 있기 때문에 위험을 완화하는 데 도움이 됩니다.

4) 건전한 재무 상태

관리 가능한 부채 수준을 가진 건전한 재무 상태는 경제적 어려움 속에서 안전망 역할을 합니다. 다우의 부채비율은 94% 수준으로 최근 상승했으나 재무 건전성은 비교적 양호한 편입니다.

안전마진 TALK TALK

짐 사이먼스의 투자 업적과 교훈

2024년 5월 향년 86세로 별세한 짐 사이먼스Jim Simons는 수학자이자 헤지펀드 매니저로서 대표적인 헤지펀드사인 르네상스 테크놀로지스의 설립자로 유명합니다. 1982년에 설립된 르네상스 테크놀로지스의 대표 펀드인 메달리온 펀드는 1988년부터 2018년까지 수수료 공제 전, 연평균 약 66% 수익률이라는 놀라운 성과를 기록한 바 있습니다. 르네상스 테크놀로지스의 성공으로 그는 역사상 가장 성공적인 헤지펀드 매니저 중 한 명으로 평가됩니다. 다음은 사이먼스의 투자 접근법과 르네상스 테크놀로지스의 투자 전략의 주요 요소들입니다.

1) 계량모델을 통한 알고리즘 거래의 승리

투자할 대상과 관련된 방대한 양의 데이터를 활용하여 역사적 및 실시간 시장 데이터를 수집하고 분석합니다. 그리고 미래 가격 변동을 예측할 수 있는 패턴과 트렌드를 식별합니다. 더불어 정교한 데이터 마이닝 기술과 머신러닝 알고리즘을 사용하여 투자를 합니다. 특히 계량모델을 사용하는데, 이 모델은 시장의 비효율성과 기회를 식별하는 데 도움을 주는 수학적·통계적 기법에 기반을 둡니다. 계량모델은 인간 트레이더들이 종종 놓치는 단기적인 시장 비효율성을 활용하도록 설계되어 있습니다. 이는 알고리즘 거래를 통해 구현되는데, 계량 모델이 만든 로직에 따라 자동으로 거래를 실행하고, 초단기 거래를 가능하게 합니다. 이러한 알고리즘은 끊임없이 테스트되며 시장 변화에 적응하기 위해 계속 업데이트됩니다. 당연히 계량모델과 이를 추종하는 알고리즘은 미공개지만, 놀라운 성과를 감안하면 시장의 비효율성을 포착하여 기회로 활용하는 능력이 탁월할 것으로 생각합니다. 시장에서 중립성을 지키며 시장이 상승하거나 하락하더라도 이익을 얻고자 하는데, 이는 롱 포지션과 숏 포지션을 모두 취하여 시장 변동에 대해 헤지를 할 수 있습니다.

2) 기계적인 리스크 관리

인간이 원칙대로 손절매나 자산배분을 실시하는 것은 본성을 억눌러야 하는 힘겨운 과정입니다. 하지만 기계는 규칙에 맞춰서 말 그대로 기계적인 매매, 엄격한 리스크 관리 전략을 사용할 수 있습니다. 이들의 모델은 리스크를 최소화하기 위해 다양한 자산 클래스, 시장, 도구에 걸쳐 투자를 다각화하도록 설계되었습니다. 이를 통해 과도한 부채(레버리지)를 신중하게 사용하고, 특정 시장이나 자산에 대해 엄격한 통제를 유지합니다.

3) 비밀 유지와 인재 중시

르네상스 테크놀로지스의 특징 중 하나는 비밀 유지 문화입니다. 독점적인 거래 알고리즘과 데이터 분석 방법을 보호하기 위해 폐쇄적이고 비밀스러운 펀드운용으로 잘 알려져 있습니다. 메달리온 펀드는 르네상스 직원과 특정 개인만 접근이 가능합니다. 사이먼스가 수학자였던 것처럼 수학자, 물리학자, 컴퓨터 과학자, 통계학자 등 다양한 전문가를 채용해 전통적인 금융 전문가와는 차별화된 '금융공학' 관련 인재를 중시합니다.

사이언스는 곧 인간의 본성, 즉 제한적 합리성bounded rationality을 계량모델을 통해 극복하고 시장의 비효율성이 나타나는 이상 구간에서 초과수익률을 거두는 것으로 안전마진을 바라보고 투자를 한 것입니다.

제5장

안전마진 가치투자,
ETF로 해볼까

'안전마진 가치투자'라는 용어를 그레이엄이 탄생시키고, 그레이엄의 수제자인 버핏의 버크셔 해서웨이라는 걸출한 투자회사에서 꽃피웠다고 할 수 있습니다. 이제는 안전마진 가치투자 철학을 녹여내어 운용하는 자산운용사의 펀드(ETF 포함) 상품을 통해서 누구나 안전마진 가치투자를 접할 수 있게 대중화되고 있습니다. 안전마진 가치투자를 위해 내가 직접 분석틀을 갖춰서 종목을 연구하고, 이를 바탕으로 포트폴리오를 짤 만한 여유가 없다면 전문가 그룹의 안전마진 가치투자 포트폴리오를 담는 펀드 역시 충분한 대안이 될 수 있습니다. 이번 장에서는 펀드 중에서도 주식시장에 상장되어서 편하게 거래할 수 있는 안전마진 가치투자 ETF를 살펴보고, 해당 ETF의 포트폴리오도 분석하여 해당 ETF의 안전마진 가치투자 방법론까지 알아보도록 하겠습니다.

참고로 글로벌 펀드평가사 모닝스타에서는 가치투자 분야에서 베스트 ETF와 펀드를 발표하는데, 2023년 말 발표된 상품들은 다음과 같습니다.

1) American Funds American Mutual (AMRMX)

2) Diamond Hill Large Cap (DHLYX)

3) Dodge & Cox Stock (DODGX)

4) Harbor Mid Cap Value (HAMVX)

5) John Hancock Disciplined Value Mid Cap (JVMIX)

6) JPMorgan Equity Income (OIEJX)

7) LSV Small Cap Value (LSVQX)

8) MFS Mid Cap Value (MCVRX)

9) MFS Value (MEIJX)

10) Oakmark Fund (OAKMX)

11) Schwab US Dividend Equity ETF (SCHD)

12) Vanguard High Dividend Yield Index / ETF (VHYAX) (VYM)

13) Vanguard Mid - Cap Value Index / ETF (VMVAX) (VOE)

14) Vanguard Russell 1000 Value Index (VRVIX)

15) Vanguard S & P Mid - Cap 400 Value Index (VMFVX)

16) Vanguard S & P Small - Cap 600 Value Index (VSMVX)

17) Vanguard Small - Cap Value Index / ETF (VSIAX) (VBR)

18) Vanguard Value Index / ETF (VVIAX) (VTV)

19) Victory Sycamore Established Value (VEVRX)

출처: 모닝스타

1

ACE 미국WideMoat
가치주(309230)
'경제적 해자'를 추구하는 ETF

앞서 우리는 그레이엄의 안전마진 개념을 '가치와 가격의 차이'라고 살펴 봤고, 가치평가 도구들인 'PER', 'PBR', '배당수익률' 등에 대입하여 자본 화 계수(배율) 측면의 안전마진까지 알아본 바 있습니다.

안전마진 = 가치 – 가격
= 적정가치 PER – 현 주가 반영 PER
= 적정가치 PBR – 현 주가 반영 PBR
= 적정가치 배당수익률 – 현 주가 반영 배당수익률

그런데 사실 버핏, 멍거 같은 가치투자의 전설들이 모두 가치평가 도구들을 구체적으로 예시하면서 숫자를 가지고 안전마진을 논하지는 않습니다. 왜 그럴까요? 원래 대가들일수록 대중들이 납득할 수 있는 쉬운 예로 풀어서 이야기 해주거나, 아니면 투자전략의 핵심만 이야기해 주고 나머지 변수들은 워낙 가변적이므로 알아서 해석하도록 여지를 남겨둔다고 생각합니다. 즉 대가들은 미시적인 것들을 일일이 따지기보다 거시적이고 본질적인 담론을 중심으로 대중들과 소통하는 것이죠. 그런 의미에서 버핏이 말하는 '경제적 해자'는 어쩌면 스승이 만든 '안전마진'의 업그레이드된 버전이 아닐까 생각해 봅니다. '해자Moat'라는 단어는 원래 중세 성을 방어하기 위해 둘러싸여 있는 물을 의미합니다. '경제적 해자Economic Moat'는 '가치value'를 측정할 때 재무제표의 숫자, 즉 정량적인 숫자를 뛰어넘어 구체적인 숫자로 산출하기 어려운 정성적인 부분까지 마치 전략 컨설팅회사처럼 포괄적으로 다룹니다. 즉 이때 해자는 기업이 외부 경쟁 기업의 공격으로부터 자사를 보호하는 능력을 표현한 것입니다. 다시 말해 경제적 해자란 기업이 경쟁사들로부터 자신을 보호할 수 있도록 만드는 경쟁 우위 요소를 의미합니다. 특히 멍거 전 부회장은 1995년 버크셔 해서웨이 주주 총회 당시 "이상적인 기업의 특징은 무엇인가?"라는 질문에 대해서 다음과 같이 설명했습니다. "이상적인 기업을 성에 비유하면, 넓고 튼튼한 해자로 둘러싸였으며 정직한 영주가 지키는 강력한 성입니다. 여기서 해자는 경쟁자의 시장 진입을 방어하는 것으로, 낮은 생산 원가, 강력한 브랜드, 규모의 이점, 기술 우위를 가리킵니다."

버핏과 멍거가 언급한 경제적 해자에서 영감을 얻어 전 세계 최고

1) 비용 우위 (규모의 경제)

기업이 더 큰 규모의 운영을 통해 경쟁사보다 낮은 비용으로 상품이나 서비스를 생산할 수 있는 경우입니다. 이를 통해 기업은 더 낮은 가격을 제공하거나 더 높은 이윤을 얻을 수 있습니다.

2) 높은 전환 비용

고객이 경쟁사의 제품이나 서비스로 전환하는 것이 어렵거나 비용이 많이 드는 경우입니다. 이는 고객 충성도를 높이고 이탈을 줄입니다. 예를 들어, 기업용 소프트웨어 시스템의 경우, 공급자를 변경하면 상당한 시간과 비용이 들 수 있습니다.

3) 네트워크 효과

사용자가 많아질수록 제품이나 서비스의 가치가 증가하는 현상입니다. 페이스북 같은 소셜 네트워크나 이베이 같은 온라인 마켓플레이스가 대표적인 예로, 사용자가 많을수록 더 가치가 커지므로 새로운 진입자가 경쟁하기 어렵습니다.

4) 무형 자산

강력한 브랜드 정체성, 특허, 상표, 규제 라이선스 등이 포함됩니다. 코카콜라와 같은 강력한 브랜드나 제약 분야의 특허 기술은 기업의 시장 점유율을 보호할 수 있습니다.

5) 효율적 규모

시장이나 산업이 하나 또는 소수의 경쟁자에게만 수익성을 지원할 수 있을 때입니다. 예를 들어, 유틸리티 산업은 높은 인프라 비용과 규제 환경 때문에 자연 독점이 될 수 있습니다.

6) 독점적 자원 접근

희소 자원을 통제하거나 독점적으로 접근할 수 있는 경우, 기업은 상당한 경쟁 우위를 유지할 수 있습니다. 예를 들어, 희귀 광물 자원을 보유한 광산 회사가 해당됩니다.

의 펀드평가기관 및 지수산출기관 중 하나인 모닝스타는 'Morning-star Wide Moat Focus Price Return Index'라는 지수를 발표하고 있습니다. 미국 상장 주식 중 모닝스타 리서치의 경제적 해자 평가 방법을 통해 선정한 주식들의 장기 지속 가능한 경쟁우위, 이를 '더 넓은 해자Wide Moat'로 구분하고 다음의 방법론을 통해 우수한 종목을 편입한 지수입니다.

모닝스타의 경제적 해자 지수 산출 방식

1) 경제적 해자 평가Moat rating
   ① 5가지 요인를 기반으로 더 넓은 해자에 해당하는 종목 선정
   ② 5가지 요인 : 무형 자산, 비용 우위, 전환 비용, 네트워크 효과, 효율적 규모
   ③ 평가된 종목 해자 점수 : 넓음/좁음/없음으로 분류 후 '넓음' 해당 종목만을 선별

2) 적정가치Fair value 계산
   모닝스타 리서치를 통해 'Wide Moat' 분류 종목의 적정가치 계산

3) 기업의 적정가치 대비 저평가된 종목 순서대로 상위 40종목 편입 후 리밸런싱을 통하여 종목 수는 40~50종목 수준을 유지.

동 지수를 추종하는 국내 상장ETF가 바로 'ACE 미국WideMoat가치주'입니다. 그림 6-1의 주가 추이를 살펴보면 좋은 성과를 자랑하고 있습니다. 역시 괜히 '버핏 스타일'이 아니죠. 만약 미국 가치주에 대

한 선호도와 버핏 스타일에 대한 선호도가 크다면 절세 3종 계좌인 개인연금, 퇴직연금IRP, ISA계좌를 활용하여 편입해 볼 만 합니다.

물론 해당 지수에 편입하는 방식이 '버핏 스타일'이라는 것이지, 버크셔 해서웨이 보유 종목과 중첩되지는 않습니다. 업종별로는 헬스케어(21%), 산업재(18%), IT(15%), 금융(14%), 필수소비재(11%) 순입니다. 특히 IT플랫폼 빅테크 기업인 알파벳이 가장 큰 비중을 차지하고 있는데, 버크셔 해서웨이의 1위 비중인 애플과 비견되기도 합니다. 전통적인 가치평가 도구에서는 성장주로 평가할 만한 기업들도 정성적인 해자평가 모형의 5가지 요인을 사용했을 때는 다른 양상이 나타날 수 있음을 잘 보여줍니다. 예를 들어 편입비 5위에 위치한 타일러 테크놀로지스의 경우 PER(예상) 54배, PBR 7배로 기존 가치평가 도구로는 가치주가 아닌 성장주라고 봐야 할 것입니다. 따라서 전통적인

그림 5 - 1. ACE 미국WideMoat가치주 ETF 주가 추이

출처: 네이버증권

242

그림 5 - 2. ACE 미국WideMoat가치주 ETF의 상위 구성종목 10

NO	종목명	비중(%)
1	ALPHABET INC - CL A	3.12
2	TERADYNE INC	3.06
3	INTL FLAVORS & FRAGRANCES	3
4	SCHWAB (CHARLES) CORP	2.8
5	TYLER TECHNOLOGIES INC	2.8
6	RTX Corp	2.77
7	CORTEVA	2.66
8	CAMPBELL SOUP CO	2.65
9	AGILENT TECHNOLOGIES INC	2.56
10	ALTRIA GROUP INC	2.52

출처 : ACE ETF 홈페이지

안전마진 가치주보다는 버핏 철학을 기반으로 새로운 정성적인 방법론이 가미된 안전마진 가치주 ETF라고 판단하여 활용하면 될 것입니다.

TIGER 미국캐시카우100
(A465670)
잉여현금흐름 대장주 ETF

'금리'란 쉽게 말해 우리가 은행이나 지인에게 빌리는 '돈 값'입니다. 금리가 오르면 내가 지불해야 하는 이자 비용이 올라간 것이니 곧 빌린 돈 값이 비싸진 것이죠. 시중에 돈이 귀하면 금리를 더 줘야 돈을 빌려올 수 있으니까요. 고물가, 고금리 시대에는 돈이 귀합니다. 그렇다면 '돈 많은 기업, 돈 잘 버는 기업'이 가장 든든한 안전마진을 구축했다고 생각할 수 있습니다. 지금과 같은 고금리 시대에는 돈 값이 비싸니 좋은 현금흐름을 보유한 기업의 가치 역시 더 높게 평가하는 것이 이치에 맞는 것이죠. 즉 이미 쌓아둔 보유현금이 많거나, 기업 활동을 통해 순현금흐름을 잘 창출하는 기업에게는 가산점, 즉 프리미엄을 주는 시대인 것입니다. 실제로 그럴까요? 미국 증시(S&P500)보다 더 좋은 수익률을 거둔

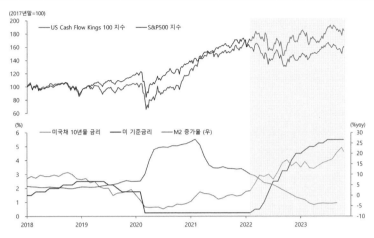

그림 5 - 3. 금리인상 사이클로 고금리 구간에서 현금흐름 개선 기업군의 초과수익률 현상

출처 : 블룸버그

스타일 지수들을 살펴보면 잉여현금흐름Free Cash Flow이 좋은 기업들로
구성된 'US Cash Flow Kings 100' 지수가 시장 전체(S&P500)보다 양
호한 성과를 거두는 것으로 나타났습니다. 기준금리 인상으로 고금리가
본격화된 2022년부터 이런 현상은 줄곧 이어졌습니다. 즉, 돈 값이 비싸
지면 돈 잘 버는 기업으로 투자자들이 몰려든 것입니다. 대표적인 예가
애플의 밸류에이션 논란이었습니다. 2013년 당시 애플의 보유현금은
1,000억 달러를 훌쩍 넘겼고, 애플이 저평가되었다고 주장하는 사람들
은 회사가 보유한 막대한 현금을 강조했습니다. 그 무렵 애플의 표면적
PER은 두 자릿수였지만, 현금을 고려한 PER은 한 자릿수였습니다. 당
시 이를 눈여겨봤던 버핏과 같은 가치투자자들은 결국 애플의 투자비중
을 늘리는 결정을 내렸습니다.

Global X U.S. Cash Flow Kings 100 지수

1) 산출기관

미래에셋글로벌인디시즈 Mirae Asset Global Indices

2) 지수개요

미래에셋글로벌인디시즈에서 산출 및 발표하는 지수로 미국의 시가총액 상위 1,000개 기업 중 잉여현금흐름 수익률 Free Cash Flow Yield이 높은 미국 상장 기업 100개의 종목으로 구성된 지수

3) 유니버스

미국 상장 시가총액 상위 1,000종목 (Mirae Asset U.S 1000 지수 편입 종목)

4) 종목선정

① 금융 섹터 제외, 리츠 포함
② 복수의 클래스 주식이 존재할 경우 1년 일평균 거래대금이 가장 높은 종목만 편입
③ 잉여현금흐름이 (-)인 기업 제외
④ 잉여현금흐름 수익률 기준 상위 100종목
※ 잉여현금흐름 수익률 = 지난 12개월 잉여현금흐름 / 기업가치
*기업가치 = 시가총액 + 총부채 - 현금 및 현금성 자산
*지난 12개월 잉여현금흐름 = 지난 12개월 영업활동 현금흐름 - 자본적 지출

5) 산출방법

지난 12개월 잉여현금흐름 가중방식, 개별 종목 Cap 2%, 섹터 Cap 25% 적용하고 정기변경은 연 4회 (3, 6, 9, 12월 마지막 영업일)

현금흐름왕 지수(US Cash Kings 100 지수)의 주요 내용은 바로 앞쪽을 참고하시면 됩니다. 종목 선정 기준 중 '잉여현금흐름 수익률'을 유념하며, 기본적인 골격은 '주당 잉여현금흐름/주가'라고 보면 됩니다. 주가 대비 잉여현금흐름이 많은 기업을 찾는 것으로서 가치평가기준 중 'PCFR=주가/주당 순현금흐름'의 역수라고 보면 됩니다. 즉 저 PCFR은 곧 잉여현금흐름 수익률이 큰 값이고, 본 지수에 편입될 가능성이 큰 종목으로 해석할 수 있습니다.

'US Cash Flow Kings 100' 지수를 기초지수로 추종하는 국내 증시 상장ETF가 바로 'TIGER 미국캐시카우 100 ETF'입니다. 상장된 지 얼마 안 된 ETF라 거래량이 아직 미약하긴 하지만 상장 이후 양호한 수익률을 나타내고 있습니다. 특히 앞서 살펴본 미국의 안전마진 가치주 중 엑슨모빌, 셰브론이 공통적으로 겹치고 버크셔 해서웨이가 선호하는 옥시덴탈 페트롤리움 역시 포함되어 에너지 업종 비중이 21%로 가장 높은 편입니다. 이 외에 경기소비재 15.6%, IT 14.3% 순서로 업종 비중을 차지하고 있습니다.

잉여현금흐름은 기업의 재무성과를 측정하는 지표로, 운영 및 자본적 지출(설비투자 등) 유지에 필요한 현금유출을 제외한 후에 기업이 순수하게 생성하는 현금을 나타냅니다. 이는 주주나 채권자와 같은 투자자들에게 배분하거나 사업에 재투자할 수 있는 현금을 의미합니다.

1) 잉여현금흐름 계산

잉여현금흐름＝영업현금흐름Operating Cash Flow－자본적 지출Capital Expenditures

*영업현금흐름 : 사업의 정상적인 운영에서 발생하는 현금입니다. 이는 기업의 현금흐름표에서 찾을 수 있습니다.

*자본적 지출 : 토지, 건물, 장비 등의 물적 자산을 취득하거나 업그레이드하는 데 사용되는 자금입니다.

2) 잉여현금흐름의 중요성

① 투자 평가

잉여현금흐름은 투자자들에게 중요한 지표로, 주주가치를 높이기 위해 사용할 수 있는 현금 생성을 보여줍니다.

② 재무적 건전성

잉여현금흐름이 양호하다는 것은 기업이 비용을 지불하고, 부채를 줄이며, 사업에 재투자하고, 배당금을 지급할 만한 현금을 충분히 가지고 있음을 나타냅니다. 반대로 잉여현금흐름의 약화는 기업이 운영에서 충분한 현금을 생성하지 못하고 있음을 의미할 수 있습니다.

③ 가치평가

애널리스트와 투자자들은 종종 잉여현금흐름을 사용하여 기업의 가치를 평가합니다. 현금흐름 할인 분석(DCF)과 같은 방법은 잉여현금흐름을 미래에 걸쳐 예상한 후 현재 가치로 할인하는 방식입니다.

④ 미래 대응능력

강력한 잉여현금흐름을 나타내는 기업은 인수, 연구 개발, 신규 시장 진출과 같은 새로운 기회를 추구할 수 있는 더 많은 유연성을 가집니다.

그림 5-4. TIGER 미국캐시카우 100 ETF 주가 추이

출처: 네이버증권

그림 5-5. TIGER 미국캐시카우100 ETF 구성종목 TOP10

1	Vistra Corp	2.78%
2	Dell Technologies Inc	2.66%
3	Exxon Mobil Corp	2.08%
4	EOG Resources Inc	2.07%
5	HP Inc	2.04%
6	Lennar Corp	2.04%
7	Altria Group Inc	2.04%
8	Chevron Corp	2.03%
9	AT&T Inc	2.01%
10	Occidental Petroleum Corp	1.98%

출처: TIGER ETF 홈페이지

PCFR = 주가 / 주당 순현금흐름

쉽게 말해 주당순이익 중에서도 정말 현금으로 순유입되는 것만 본다고 생각하면 됩니다. 순현금으로만 본다는 의미는 보다 보수적으로 따지는 것으로 이해하면 되며 고금리 시대에 돌다리를 두드리는 조심스런 방법론이라고 볼 수 있습니다. 이러한 PCFR을 통해서 2023년 예상 PCFR 보다 2024년 예상 PCFR이 할인되는 업종이나 기업군을 주당순현금흐름은 좋아지는데 주가는 이를 덜 반영한 현금흐름 기준 저평가 매력이 큰 업종이나 기업군으로 판단할 수 있습니다. 기본적인 이해는 PER과 유사하다는 것을 알 수 있습니다.

PCFR 측면에서 2023년 대비 2024년에 저평가 매력이 커지는 업종으로는 디스플레이, 조선, 유틸리티, 반도체, 하드웨어, 화학, 의료 순서였습니다. 순이익 기준과는 달리 디스플레이 (LG디스플레이 등), 유틸리티 (한국전력, 한국가스공사 등)의 순현금흐름이 의미있게 개선되는 것으로 포착됐습니다. 현금흐름이 좋아져서 저평가 매력이 커진다는 것이니 관련 업종의 대표주를 꼼꼼히 따져보면 좋은 투자 기회가 될 수도 있을 것입니다.

3

iShares MSCI USA Quality Factor ETF(QUAL)

&KODEX MSCI퀄리티 ETF(275300)

우량주 스타일의 ETF

우량주라고 번역할 수 있는 'Quality Stock'를 아예 상품명에 넣은 ETF가 있습니다. '가치주', '성장주' 따지지 말고 정말 좋은 주식만 담겠다는 의도가 보인다고 생각합니다. 버핏의 투자철학은 그레이엄의 가치투자와 피셔의 성장투자를 모두 아우르는 성격을 띱니다. 한마디로 가치투자와 성장투자의 교집합을 추구하는 것이고 이것이 바로 퀄리티 스타일이라고 생각할 수도 있습니다. 기업의 재무정보와 같은 계량적 분석뿐만 아니라 경영진과 산업 전반에 걸쳐 비재무적인 요인까지 중시했다는 측면에서 계량적 혹은 양적 Quantity과 대비되는 질적 Quality이라는 단어와도 꽤 잘 어울립니다. 이러한 퀄리티 스타일 주가지수는 전 세계 지수 산출 1위 기업인 MSCI 주도로 진행되었고, 주요 ETF 상품 역시 MSCI

퀄리티 지수를 추종하도록 설계된 블랙록자산운용의 'iShare ETF' 시리즈들을 통해 구현되어 있습니다. 퀄리티 스타일에 대해 MSCI가 내린 정의는 지속 가능한 경쟁우위, 높은 ROE, 양호한 이익안정성 입니다. 버핏을 비롯한 전설적인 투자가들, 그리고 계량분석가들, 재무학 다수의 논문에서 이구동성으로 강조하는 우량주 조건의 공통분모이기도 합니다.

> 1 MSCI 퀄리티 지수는 질적 성장전략의 성과를 반영하는 것이 목표다.
> 2 질적 성장은 '오래가는 사업모델'과 '지속 가능한 경쟁우위'를 지닌 기업들로 규정될 수 있다.
> 3 질적 성장 기업들은 '높은 ROE', '양호한 이익안정성', '낮은 부채비율'를 지니고 있다.
> 4 많은 액티브 투자전략에서 질적 성장은 종목 선택과 포트폴리오 구성의 중요한 요인으로 강조되고 있다.

가장 잘 알려진 ETF가 'MSCI USA Sector Neutral Quality Index'를 추종하는 'iShares MSCI USA Quality Factor ETF'입니다. 414억 달러 규모의 순자산을 보유한 ETF로 장기적 측면에서 훌륭한 성과를 나타내고 있습니다. 주요 보유종목은 엔비디아(6.9%), 비자(4.6%), 마이크로소프트(4.1%), 메타플랫폼스(4.1%), 마스터카드(4%) 순서입니다. 전통적인 가치주보다는 가치주와 성장주를 따지지 않고 돈 잘 벌고(고ROE), 부채는 잘 안 쓸 정도로 재무여력이 양호하며(저 부채비율), 기업이익이 출렁거리지 않고 안정적인(저 이익변동성) 기업군이라고 보면 됩니다.

그림 5-6. iShares MSCI USA Quality Factor ETF의 주가추이

출처: 야후파이낸스

MSCI 퀄리티 지수 구성 방법론을 국내 주식에도 그대로 이식한 ETF가 바로 'KODEX MSCI퀄리티 ETF'입니다. 기초 지수는 'MSCI KOREA IMI Quality Capped Index'입니다. MSCI IMI Universe를 투자 대상으로 하며, 각 종목별 ROE, 부채비율(부채/자본비율), 수익변동성 등을 핵심지표로 삼아 종목을 선정합니다. 각 종목은 최대지수 구성비중(30%)를 넘지 않도록 구성되며, 3개의 퀄리티 팩터를 1/3씩 가중하여 점수가 높은 종목순으로 지수를 구성하는데 앞서 설명한 방법론을 그대로 따르고 있습니다. 이렇게 선정된 구성종목을 편입비 순서로 보면 삼성전자(20.7%), 기아(15.5%), 셀트리온(9.5%), 삼성화재 (5.1%), KT&G(4.2%) 등이 주력인 것을 확인할 수 있습니다. MSCI 기준으로 한국의 초우량주는 어떤 종목인지를 가늠할 수 있는 방법으로 봐도 좋을 것입니다.

그림 5-7. iShares MSCI USA Quality Factor ETF(QUAL)의 구성종목

Top 10 Holdings (39.92% of Total Assets)

Symbol	Company	% Assets
NVDA	NVIDIA Corporation	6.86%
V	Visa Inc.	4.57%
MSFT	Microsoft Corporation	4.13%
META	Meta Platforms, Inc.	4.11%
MA	Mastercard Incorporated	4.07%
LLY	Eli Lilly and Company	4.00%
AVGO	Broadcom Inc.	3.93%
AAPL	Apple Inc.	3.56%
COP	ConocoPhillips	2.47%
NKE	NIKE, Inc.	2.23%

출처: 야후파이낸스

그림 5-8. KODEX MSCI퀄리티 ETF 가격추이

출처: 네이버증권

그림 5 - 9. KODEX MSCI퀄리티 ETF의 주요 구성종목

종목명	종목코드	수량	비중(%)	평가금액(원)
원화예금	KRD010010001	7,012,741	-	7,012,741
삼성전자	005930	2,482	20.74	192,851,400
기아	000270	1,210	15.48	143,869,000
셀트리온	068270	478	9.50	88,334,400
삼성화재	000810	139	5.14	47,816,000
KT&G	033780	443	4.19	38,984,000
한미반도체	042700	228	3.61	33,584,400
크래프톤	259960	127	3.48	32,321,500
삼성에스디에스	018260	167	2.97	27,638,500
삼성전자우	005935	428	2.96	27,477,600
삼성E&A	028050	811	2.07	19,261,250

출처 : KODEX ETF 홈페이지

4

**ProShares S&P 500 Dividend Aristocrats
ETF(NOBL)&TIGER 미국S&P500배당귀족 ETF(429000)
&TIGER MKF배당귀족 ETF(445910)**

연속배당에 대한 무한신뢰

앞서 안전마진 가치주를 가려내는 기준으로 배당정책의 판단근거 중 하나인 배당수익률(=주당 배당금/주가)을 사용한 바 있습니다. 배당수익률을 활용한 것은 현 주가가 배당금 대비 저평가되었는지를 따져서 배당가치 대비 안전마진을 가늠하는 방식입니다. 배당정책은 곧 그 기업이 배당금을 주인들에게 줄 만한 충분한 재정적 여력이 있거나, 주인들에 대한 충성심과 의리가 깊다는 증거이기 때문에 안전마진의 대용치로 사용하기 괜찮다고 생각합니다. 학계에서는 '배당 신호 가설'을 통해 기업의 배당 발표가 주식시장에 그 기업의 미래 전망과 재무건전성에 관한 중요한 정보를 전달한다고 봅니다.

1) 정보 비대칭

기업의 경영진과 투자자 사이에는 정보 비대칭이 존재합니다. 경영진은 기업의 현재 성과와 미래 전망에 대해 더 잘 알고 있습니다.

2) 배당 발표를 통한 신호

경영진은 배당 발표를 통해 시장에 정보를 전달합니다. 배당 증가가 있으면, 이는 일반적으로 경영진이 기업의 미래 수익성과 현금흐름에 대해 자신감을 가지고 있다는 긍정적인 신호로 해석됩니다. 반대로, 배당 감소는 잠재적인 문제나 예상 되는 미래 수익 감소를 나타내는 부정적인 신호로 받아들여질 수 있습니다.

3) 배당의 비용

배당은 기업에게 비용이 듭니다. 따라서 기업이 배당을 증가시키기로 결정하면, 이는 시장에 신뢰할 수 있는 신호를 제공하는 것으로 여겨집니다. 이는 실제 현금 흐름을 수반하기 때문에 다른 형태의 커뮤니케이션보다 더 신뢰할 수 있다고 간 주됩니다.

4) 시장 반응

투자자들은 배당 변화에 반응하여 기업의 미래 성과에 대한 기대를 업데이트합니 다. 일반적으로 배당 증가가 있으면 기업의 주가가 상승하고, 배당 감소는 주가 하 락으로 이어질 수 있습니다.

요약하면, 배당 신호 가설은 기업이 배당을 사용하여 투자자들에게 미래 전망에 대한 정보를 전달한다는 내용입니다. 이러한 커뮤니케이션은 경영진과 투자자 간의 정보 비대칭을 줄이는 데 도움이 되며, 배당 변화가 나타내는 미래 성과에 대한 인식에 따라 주가에 영향을 미칩니다.

이러한 배당 신호 가설의 관점에서 '배당성장의 연속성'은 긍정적인 배당 신호를 지속하는 것이므로, 장기투자자들에게는 매우 선호될 만한 신뢰도가 높은 긍정적인 요인이라고 판단합니다. 배당의 재원이 되는 기업의 자원(기업이익 및 이익잉여금)이 넉넉하다는 방증일 수도 있고, 해당 기업의 비즈니스가 안정적(높은 ROE)이고 외부 변동성에도 훼손되지 않을 만한 좋은 재무구조(낮은 부채비율)를 지녔다는 의미도 있을 것이며, 회사 측이 주주에 대한 의리, 즉 주인에게 뭔가를 주고 싶어 하는 강력한 주주환원 의지로 해석할 수 있기 때문입니다. 이러한 배당 신호의 연속성을 바탕으로 미국 배당주의 등급을 나누면 다음과 같습니다.

- 배당왕Dividend King: 50년 이상 배당금을 증가시킨 기업 (약 30개)
- 배당귀족Dividend Aristocrats: 25년 이상 배당금을 증가시킨 기업 (약 60개)
- 배당챔피언Dividend Champions: 10년 이상 배당금을 증가시킨 기업 (약 300개)
- 배당블루칩Dividend Bluechips: 5년 이상 배당금을 증가시킨 기업 (약 600개)

이 중에서도 현실적으로 주목하는 계급은 바로 25년 이상 배당금을 증가시킨 기업군의 모임인 '배당귀족'입니다. 물론 더 좋은 건 50년 이상인 배당왕이지만, 50년 이상을 충족시킬 해당 기업군이 많지는 않으므로 인덱스펀드 투자로서 현실적인 대안이 배당귀족인 것이죠. 이에 맞춰 기초 지수로 'S&P 500 Dividend Aristocrats 지수'를 추종하는 'ProShares S&P 500 Dividend Aristocrats ETF(NOBL)'를 추천

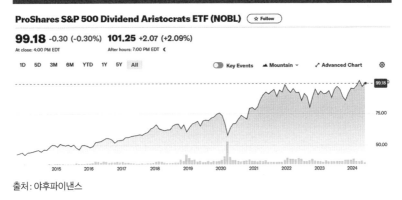

그림 5-10. ProShares S&P 500 Dividend Aristocrats ETF의 주가 추이

출처 : 야후파이낸스

합니다. 동 ETF의 변동성 대비 성과를 측정하는 샤프비율(혹은 샤프지수)의 경우 5년(NOBL 0.46 vs 대형가치 0.44), 10년(0.63 vs. 0.51) 성적표는 대형가치주 대비 양호한 것으로 나타나고 있습니다. 즉 배당수익이라는 안전마진을 바탕으로 장기성과 측면에서 위험 대비 초과수익률은 대형가치주 지수보다 선방하는 것을 확인할 수 있습니다. 주요 종목군은 필수소비재(24.6%), 산업재(24.3%), 소재(10.1%) 등의 배당주를 중심으로 구성되어 있습니다. 배당귀족지수의 방법론인 연속배당과 배당성장 조건을 감안하면 배당수익률 중심의 고배당주 성격보다는 배당성장주의 성격이 강하기 때문에 배당수익률은 다소 떨어질수 있습니다. ProShares S&P 500 Dividend Aristocrats ETF의 현 배당수익률은 2% 내외입니다.

그림 5 - 11. ProShares S&P 500 Dividend Aristocrats ETF의 주요 구성종목

Top 10 Holdings (16.96% of Total Assets)

Symbol	Company	% Assets
MMM	3M Company	1.77%
DOV	Dover Corporation	1.75%
XOM	Exxon Mobil Corporation	1.72%
NEE	NextEra Energy, Inc.	1.70%
HRL	Hormel Foods Corporation	1.69%
KMB	Kimberly-Clark Corporation	1.67%
TGT	Target Corporation	1.67%
MKC	McCormick & Company, Incorporated	1.67%
CAT	Caterpillar Inc.	1.66%
ECL	Ecolab Inc.	1.66%

출처 : 야후파이낸스

한편 동일한 기초 지수(S&P 500 Dividend Aristocrats)를 활용해 국내에 상장된 ETF는 'TIGER 미국S&P500배당귀족 ETF'입니다. 절세 3종 세트(개인연금, 퇴직연금, ISA)를 통해 투자할 때 이용하면 되겠습니다.

또한 앞서 살펴본 미국 배당귀족 지수의 철학과 방법론이 국내 기업을 대상으로 적용된 지수가 MKF 배당귀족 지수입니다. 매일경제신문과 Fnguide가 공동개발한 지수로 유가증권 시장 및 코스닥에 상장

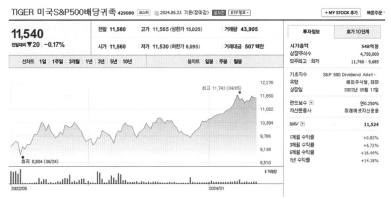

그림 5 - 12. TIGER 미국S&P500배당귀족 ETF의 주가 추이

출처 : 네이버증권

된 종목들 중 기초 필터링을 통과한 종목들을 유니버스로 하고 있는 데, 이 중 10년 이상 배당금이 유지 또는 증가한 고배당 종목을 선정 하여 구성한 지수입니다. 미국 기준으로 10년 이상 연속배당은 배당 챔피언이라 명명되지만 미국에 비해 자본시장 역사가 짧은 우리나라 에서는 10년 이상 연속배당 기준에 부합하는 종목도 귀하기 때문에 의미가 크다고 판단합니다. 바로 이 'MKF 배당귀족 지수'를 기초지수 로 만들어진 ETF가 'TIGER MKF배당귀족 ETF'입니다. 최근 1년 수 익률은 시장 대비 6%나 초과성과를 거두고 있어서 연속배당 기업에 대한 국내증시의 기대 역시 매우 크다고 생각합니다. 주요 구성종목 으로는 삼양식품(7.1%), LS(6.3%), 리노공업(4.1%), SKC(3.8%), LX인 터내셔널(3.5%) 순입니다.

그림 5 - 13. TIGER MKF배당귀족 ETF 주가 추이

출처: 네이버증권

	그림 5 - 14. TIGER MKF배당귀족 ETF 주요 구성종목	
1	삼양식품	7.12%
2	LS	6.26%
3	리노공업	4.13%
4	SKC	3.8%
5	LX인터내셔널	3.5%
6	CJ제일제당	3.43%
7	고려아연	3.39%
8	현대글로비스	3.29%
9	현대모비스	3.24%
10	SK텔레콤	3.2%

출처: TIGER ETF 홈페이지

One ETF High Dividend Japan Equity(1494.T) : 일본 본토의 배당귀족 ETF

엔화 약세가 역사적인 수준인 상황이므로, 일본 본토 고배당 ETF를 통해서 '저렴한 엔화 투자&고배당 투자 매력'까지 같이 향유할 수 있습니다. 물론 해외주식투자 중 일본주식 매매가 가능한 계좌를 개설해야 합니다. 장점으로는 일본 주식시장 거래 시간이 국내 증시와 유사하기 때문에 미국 주식시장보다 접근성이 좋습니다. 반면 일본 증시는 아직 점심시간이 있어서 전·후반에 걸쳐서 진행되는 특징도 있습니다 (거래시간: 09:00~11:30, 12:30~15:00). 당연히 엔화가치 등락에 노출되는 것이라 역사적 수준으로 빠진 엔화의 상황을 길게 보고 투자한다는 전제가 있어야 할 것입니다. 엔화 배당금을 모아서 일본 가족여행을 기획하셔도 좋을 거 같습니다. 또한 일본 상장법인들은 주로 3월 결산이 많아서 주로 3월 말과 9월 말(반기)에 배당이 집중되어 배당주기상의 차별성도 국내 투자자들(주로 12월 말과 6월 말)에게는 매력적일 수 있습니다. 일본 고배당 인덱스를 추종하는 일본 본토 ETF들은 주로 분기배당을 실시하고 있지만, 역시 다른 분기에 비해 9월 말 반기 배당 기준일에는 상대적으로 많은 현금 배당을 줍니다. 다시 정리하면, 통화분산 차원에서 역사적 저점수준인 엔화를 분할 매수, 특히 일본주식 중에서도 고배당주를 통해서 배당이라는 안전마진 확대, 일부 일본 수출기업들 입장에서는 엔화 약세를 통한 수출경쟁력 제고 가능성 등을 겨냥하고 투자 대상으로 생각할 수 있습니다.

'One ETF High Dividend Japan Equity ETF(1494.T)'의 기초 지수는 'S&P/JPX Dividend Aristocrats TR JPY' 입니다. 앞서 심층적으로 다뤘던 배당귀족지수 (Diviedend Aristocrats Index)의 일본 증시 버전입니다. ETF의 이름에 배당귀족이 아닌 고배당(High Dividend)으로 명명되었지만 배당수익률은 3% 내외입니다. 최근

그림 6 - 15. One ETF High Dividend Japan Equity ETF의 주가 추이

One ETF High Dividend Japan Equity (1494.T)   ☆ Follow

30,560.00 -60.00 (-0.20%)
At close: 3:15 PM GMT+9

| 1D | 5D | 3M | 6M | YTD | 1Y | 5Y | All |

출처 : 야후파이낸스

주가 추이는 대부분의 일본 주가지수처럼 양호합니다. 연속배당 및 배당성장주에 대한 시장의 신뢰와 주가 복원력은 미국 주식뿐만 아니라 일본에서도 대체로 유사하게 재현된 것으로 생각할 수 있습니다.

그림 6 - 16. One ETF High Dividend Japan Equity ETF의 주요 구성종목

Top 10 Holdings (27.35% of Total Assets)

Symbol	Company	% Assets
5444.T	Yamato Kogyo Co., Ltd.	3.19%
5020.T	ENEOS Holdings, Inc.	3.15%
5706.T	Mitsui Mining & Smelting Co., Ltd.	3.12%
4042.T	Tosoh Corporation	2.74%
8130.T	Sangetsu Corporation	2.68%
8595.T	JAFCO Group Co., Ltd.	2.55%
4041.T	Nippon Soda Co., Ltd.	2.53%
9513.T	Electric Power Development Co., Ltd.	2.53%
1911.T	Sumitomo Forestry Co., Ltd.	2.47%
4182.T	Mitsubishi Gas Chemical Company, Inc.	2.40%

출처 : 야후파이낸스

좋은 기업을 찾는
도구로서의 안전마진

안전마진 관련 출간 제안을 받고 많이 망설였습니다. 워낙 잘 알려진 대가들의 유산이 넘치는 영역이고, 국내에도 버핏의 주주서한을 중심으로 정리한 좋은 책들이 많기 때문입니다. 다만 다소 파편화된 대가들의 명언들, 그리고 그 명언들을 재해석한 다수의 책들 속에서 당장 써먹을 현실적인 솔루션을 찾는 것은 쉽지 않다는 것을 제 경험으로 알고 있었습니다. 이를 극복하는 뭔가를 만들고 싶다는 욕망이 동하여 노트북을 꺼냈습니다. 특히 대가들의 가르침이 어쩌면 박지성과 손흥민의 축구라면, 보다 대중적이고 누구나 쉽게 따라 할 만한 조기축구계의 박지성, 손흥민을 양성하고 싶다는 생각으로 이 책을 썼습니다. 따라서 가능하면 네이버증권이나, 야후파이낸스의 재무 데이터만으로도 나만의 안전마진 가치주를 추출하는 방법론을 제시하려 했습니다. 방법론 자체도 누구나 수긍할 만큼 쉽지만, 단단한 논리와 절차를 통해서 뒷받침하려 애썼습니다.

한편 집필 중 일본의 밸류업 프로그램 도입(2023)에 이어서 2024년에는 우리나라와 중국에서 유사한 프로그램이 본격적으로 논의되면서 가치주에 대한 관심이 고조되기도 했습니다. 2023년 3월 말 시행된 일본 증시의 밸류업 프로그램(PBR 1배 이하 기업의 기업가치 제고방안 공시 등)은 일본 증시에 대한 외국인 순매수로 이어지면서 결국 2024년 초 일본 증시는 잃어버린 20년을 극복하며 사상 최고치를 경신합니다. 물론 일본은 밸류업 프로그램 도입 이전부터 기업가치 제고 노력의 일환으로 스튜어드십 코드 도입 등의 지배 구조 개편 노력을 이미 2014년부터 추진해 왔고, 이후 제도적인 밸류업 프로그램 도입으로 이어지면서 일본 증시에 대한 저평가 현상이 상당 부분 해소되는 데 기여했습니다.

또한 밸류업 프로그램 발표 이후 일본 증시의 스타일 지수는 가치주와 고배당주 스타일의 약진 현상이 뚜렷하게 관찰되었습니다. 밸류업 프로그램 시행 초반부에서 글로벌 대비 일본 증시의 PBR 할인율 축소 과정이 발견되었고, 이를 주도한 것은 일본의 가치주였다는 것을 알 수 있는 대목입니다. 저PBR 기업의 경우 기업가치 제고방안을 공시해야 하고, 이를 통해 저평가 요인이 개선될 경우 주가 회복가능성이 더 클 것이라는 기대감이 반영된 결과로 해석할 수 있습니다.

그런데 밸류업 프로그램에 대한 일본 증시 반응과 유사한 현상이 우리나라 증시에서도 발견되고 있습니다. 지난 2024년 1월 24일 금융위원회-금융감독원-증권업계 간담회를 통해 한국판 '기업 밸류업 프로그램'의 추진과 2월 중 세부방안 발표가 예고되면서 저PBR 종목들의 급등세가 나타났습니다. 물론 굴곡은 있었지만 우리나라 증시에서도 뚜렷하게 가치주 스타일의 우위 국면은 진행 중입니다. 당연히 우리 증시의 시작점이 일본에 대한 벤치마킹에서 비롯되었다는 측면에서 일본 증시 반응의 재현으로 해석될 부분이 있고, 2024년 초부터 국내 수출 회복이 가시화되면서 가치주에 해당하는 수출 대형주 중심의 PER 저평가가 일부 해소된 영향으로도 볼 수 있습니다.

일본도 그렇고 중국까지 합류한 밸류업 프로그램은 단기적인 영향만 주진 않을 것입니다. 중장기적으로 안전마진 가치주에는 호재가 될 것입니다. 기업가치 제고를 위해 기업 스스로 극복 방안을 마련한다는 점 자체가 주주친화적인 경영을 이끌어 낼 것이고, 이는 장기적으로 기업가치 향상에 좋은 약이 될 수밖에 없습니다. 결국 밸류업 프로그램의 핵심은 가치투자자들이 중시하는 ROE 제고 방안으로 이어집니다. 이익 증가가 기존에도 추구했던 기업 자체의 목적이라고 한다면, 이제부터는 분모인 '자기자본의 효율화'도 기업 경영에 상당한 중요도를 갖게 되면서 미국의 선진기업처럼 최적의 자기자본 관리가 필수인 시대를 향해 나아갈 것입니다. 자기자본 효율화에는 현금 배당 확대, 자사주 매입 소각, 더 넓은 의미에서 자산의 효율화를 위한 유휴자산의 매각 등이 있습니다. 이러한 방법들이 결국 장기적으로 기업가치를 끌어올린다는 것을 선진기업들이 증명한 바 있습니다. 단기적으로 2024년 9월 도입 예정인 'KRX코리아 밸류업 지수' 등 관련 지수와 ETF 개발은 연기금 자금 유인 효과를 불러올 수도 있다는 것도 주목할 만합니다.

이러한 시기에 이 책이 안전마진 가치주에 대한 인식과 이해를 넓히는 도구가 될 수 있다는 것은 무척 다행입니다. 아무쪼록 장기적 시각에서 오래 함께할 좋은 친구를 사귄다는 생각으로, 좋은 기업을 찾는 도구로써 활용하시기를 기원합니다.